제2판

의사 소통 능력

김주애 윤성은 정은희
한상희 허현자 이정화 공저

YANGSEOWON
양서원

PREFACE

| 개정판 머리말 |

대학생들에게 그 무엇보다 지금 가장 중요한 과업은 '구직'이고, 자신에게 맞는 일을 찾는다는 것은 '삶의 행복'과 밀접한 연관이 있다. 학생들은 자신에게 맞는 일을 찾기 위해 노력하고 있고, 실제 자신이 좋아하는 일을 찾아 구직한 학생들이 가끔 연락하고 찾아오는 경우가 종종 있다. 학생들을 만나 직장생활에 관해 물어보면, 일에 대한 높은 만족도를 보이지만 의사소통과 관계의 문제에서 어려움을 겪고 있는 경우가 많았다. 자신에게 맞는 일을 찾았음에도 불구하고 의사소통의 어려움 때문에 전반적인 행복감이 떨어지는 경우를 보고 늘 더 잘 가르쳐야겠다는 다짐을 하게 된다.

의사소통 교재의 내용은 그렇게 어렵지 않다. 어떻게 보면, 너무 익숙하고 많이 들어봐서 쉽다고 느낄 것이다. 실제 학생들과 수업을 진행할 때 이론적 내용을 학생들이 직접 교재를 보고 요약정리하고 설명하는 방식으로 진행을 하는 데 무리가 전혀 없을 정도로 누구나 이미 잘 아는 내용이다. 즉 의사소통을 잘하는 방법은 누구나 쉽게 할 수 있을 정도로 쉽다는 것이다. 그러나 의사소통을 잘하는 것은 정말 쉬운 일이 아니다. 그 이유는 습관을 바꿔야 하는 일이기 때문이다.

우리의 의사소통은 주로 자기가 자라 온 환경과 문화의 영향을 많이 받게 된다. 특히 어린 시절 자신의 가정에서 부모님이 어떻게 대응했는가를 보고 많은 영향을 받게 된다. 결국, 의사소통은 '말'이고 말을 보고 배우는 것이 가장 크기 때문이다. 좋지 않은 방법으로 의사소통을 하는 것을 보고 자라다 보면, 그것에 대한 문제의식 없이 배운 그대로 의사소통을 하게 되고, 그런 의사소통 방법이 자신에 삶에 어떤 영향을 미치는지 스스로 인식조차 못 할 때가 많다. 나의 잘못된 의사소통 습관을 찾아 없애는 것, 바른 의사소통 방법을 새로 익히는 것 그것은 정말 쉬운 일이 아니다.

누군가 의사소통을 잘하는 방법을 한 문장으로 이야기해 달라고 한다면, "매 순간 솔직하게 이야기하는 것"이라고 할 수 있다. 솔직히 의사소통하는 것은 정신건강에 매우 중요하다. 억압된 감정들은 마치 켜켜이 쌓여 굳어버린 먼지처럼 나중에 우울증 등 여러 문제를 일으키게 되고, 문제를 일으킬 정도가 되면 치유하기도 매우 어렵다. 직장에서도 마찬가지이다. 솔직하지 못하면 감정이 쌓이게 되고 상대방을 은근하게 공격하게 되어 서로 기 싸움으로 가게 되는 경우가 많다. 그러면 두 사람 간에 관계만 문제가 되는 것이 아니라, 일에 지장을 주게 되고 같이 일하는 동료뿐 아니라 고객까지 피해를 받게 된다.

매 학기 수업을 하며, 학생들이 소통하는 것을 지켜보면 다양한 문제점들을 발견하게 된다. 의사 표현 자체가 힘든 학생, 자기 의사 표현은 잘하지만, 타인에게 관심이 없어 경청이 안 되는 학생, 잘못된 언어습관을 가진 학생 등 여러 가지 문제를 가진 학생들이 많다. 그 학생들의 의사 표현 습관은 자신이 고치자고 마음만 먹으면 쉽게 고칠 수 있는 것들이다. 그러나 그러려면 우선 자신에게 어떤 문제가 있는가, 그것이 무엇 때문인가, 그리고 어떻게 해야 하는가를 명확하게 이해해야 한다. 그러나 학생 수는 많고, 개인적으로 일일이 피드백을 해주기도 쉽지 않은 일이다. 더욱이 어려운 것은 학생들이 교수자의 피드백에 큰 부담을 느낀다는 것이다.

그래서 이번 개정판에서는 학생들끼리 팀 활동을 하면서 서로 피드백을 해줄 수 있게 팀 활동을 구성해서 넣었다. 또한 기존 자료에서 부족했던 그림과 표 등 시각자료를 보충해서 넣었다.

NCS는 산업현장에서 요구되는 능력을 개발하기 위한 것이다. 그렇다고 학생들에게 산업 현장의 사례만을 제시할 필요는 없다. 그 이유는 두 가지이다. 첫째, 산업현장의 사례는 학생들에게 공감이 가지 않는 경우가 많다. 둘째, 현재 의사소통을 잘하는 사람은 산업현장에서도 의사소통을 잘할 수 있다. 의사소통의 원리와 방법은 크게 다를 것이 없기 때문이다. 그러나 필요한 경우 산업현장의 사례를 제시하여 학생들이 생각해 볼 수 있도록 하였다.

기존 세대보다 우리 세대의 의사소통은 훨씬 쌍방적이고 수평적이다. 나도 상대방도 존중하고 다양성을 인정하는 의사소통을 모두가 할 수 있게 되기를 바란다. 자신의 생각을 마음껏 이야기하고, 서로 불필요한 감정 소모 없이 협력하는 문화가 형성되어 있는 대한민국의 미래를 꿈꾸며, 학생들이 용기를 가지고 한 걸음씩 나아가기를 소망한다.

2020년 1월

저자 일동

| 머리말 |

한 치 앞도 예측할 수 없는 4차 산업혁명 시대!

앞으로 기업의 성패는 우수한 핵심리더 몇몇에 달린 것이 아니라, 기업이 보유하는 인재의 양과 질에 달려 있다. 미래의 기업은 어떤 인재를 필요로 하는가? 그리고 자신은 어떤 인재인가? 대학생이 고찰해야 할 가장 중요한 화두이다.

2016년 세계경제포럼(WEF, World Economic Forum)에서는 앞으로 전 세계가 '4차 산업혁명'에 직면하게 될 것이라고 예고했다. '4차 산업혁명'이 유행처럼 회자되기 시작하면서, 전문가들 사이에서는 그에 따른 많은 논의가 진행되어 왔다. '4차 산업혁명'이 무엇인가? 간단히 살펴보면,

1. 인간 + 기계 융합
2. 현실세계 + 가상세계 융합
3. 공학 + 생물학 융합
4. 조직 + 비조직 융합

이라고 볼 수 있다. 이러한 4차 산업혁명 시대에 요구되는 인재상은 '창의융합형 인재'이다. '창의융합형 인재'는 인문학적 상상력과 과학기술의 창조력을 갖추고 바른 인성까지 겸비하여 새로운 가치를 창출하는 사람이다. 미래의 기업이 요구하는 이러한 인재가 되기 위해서는 첫째, 자신과의 소통을 통해 자기를 이해하고, 자신의 적성을 고찰해서 자신만의 독보적인 능력을 갖추어야 한다. 둘째, 자신이 하는 일의 본질을 파악하고

다양한 전문가들과 소통하며 다양한 방면에 적용하여 새로운 것을 만들어 낼 수 있어야 한다. 즉 끊임없이 자신과 소통하고, 사람들과 세상과 소통하며 경험하고 도전하여 새로운 길을 찾아낼 수 있는 인재가 미래 사회에서 필요하다.

이런 인재는 화려한 스펙을 통해서만 길러지는 것은 아니다. 교육을 통해서 길러진 정형적인 인재는 급변하는 시대적 요구에 부응하지 못하고 있다. 이젠 교육이 주체가 아니라 사람이 주체가 되어야 한다. 즉 지식의 많고 적음이 아니라 그것을 받아들이는 사람의 해석과 현실 적용이 더욱 중요하다. 학교에서 같은 교육을 받더라도 누구보다 깊이 생각하여 본질을 파악하려고 노력하는 자세가 필요하다. 또한 학교 안에서 만나는 다양한 사람들과 소통하며 그들과 함께 새로운 무언가를 만들어 내려는 도전 등 스스로의 탐구 자세와 열정으로 만들어낸 다양하고 폭넓은 경험이 이제 그 사람의 자산이 될 것이다.

따라서 학생들은 전공과목 이외에도 노동부에서 개발한, 모든 직업인이 지녀야 할 국가직무능력(NCS)을 학습하고 자기화하여 미래형 인재로 거듭나야 할 것이다.

본서는 직업기초능력 중 의사소통능력의 학습모듈을 바탕으로, 대인관계능력의 학습모듈 중 의사소통능력에 밀접한 연관성이 있는 갈등관리능력을 추가하여, 총 5부로 구성했다. 단, 교육과정 중 기초 외국어능력은 따로 수업이 진행되는 경우가 대부분이기 때문에 제외했다.

1부 '의사소통능력'은 NCS 직업기초능력에 대해 기술하고 있다. 직장인들이 자신의 업무를 수행하는 데 있어 소통이 얼마나 중요한지, 어떤 유형의 소통이 이루어지는지 살펴보고, 소통을 방해하는 요인은 무엇인지 제시했다. 또한 바람직한 의사소통은 무엇인지 구체적인 설명과 함께 자신의 의사소통능력을 향상하기 위한 개발방법을 고찰해 볼 수 있도록 제시했다.

2부 '경청능력'에서는 경청은 무엇인지, 소통에서 경청이 왜 중요한지 기술했다. 그리고 경청을 방해하는 요소들과 경청을 잘 할 수 있는 방법들을 제시했다.

3부 '의사표현능력'은 직장에서의 효과적인 의사표현은 무엇인지, 그 필요성은 무엇인지 기술했다. 그리고 의사표현을 잘 하는 방법과 다양한 상황에서 대상에 따라 달라지는 구체적인 의사표현 방법을 제시했다.

4부 '문서이해 및 작성능력'에서는 문서의 종류와 문서의 요지를 파악하고, 효과적으로 문서를 작성하는 방법을 제시했다.

5부 '대인관계 갈등관리능력'에서는 대인관계와 의사소통의 연관성과 갈등을 관리하는 방법을 제시했다.

본서는 국가직무능력표준에서 체계화한 '의사소통능력'과 '대인관계능력' 교재를 바탕으로, 대학에서 요구되는 학습내용을 보완해 재구성하였다. 이 책이 현재의 대학생들이 향후 직업인으로서의 역량을 함양하는 데 많은 도움이 되기를 소망한다. 아울러 이 책의 출판을 맡아주신 양서원 박철용 회장님과 직원 분들께 진심을 담아 거듭 감사를 드린다.

2018년 8월
저자 일동

CONTENTS

5부

대인관계 능력

책의 구성

'NCS 기반 의사소통능력'은 사전평가, 교육계획안, 강의 소개 및 팀 빌딩, 학습모듈, 아이스 브레이크, 팀 활동, 사후평가, 참고문헌 등으로 구성되어 있다.

사전평가는 학습모듈을 학습하기 전에 의사소통능력과 대인관계에 대한 학습자의 현재 수준을 진단하고, 학습자에게 필요한 학습활동을 안내하는 역할을 한다.

교육계획안은 교재의 효과적인 교육을 위하여 차시별 교육내용을 안내하는 역할을 한다.

강의 소개 및 팀 빌딩은 참여수업의 필요성과 팀을 구성하고 팀 빌딩을 하는 방법들을 안내하고 있다.

학습모듈은 직업기초능력으로서의 의사소통능력에 대한 학습모듈과 대인관계 갈등관리능력에 대한 학습모듈을 포함하여 구성하고 있다.

1부에서 4부까지는 의사소통능력과 이를 구성하는 각 하위 능력에 대한 학습모듈로 구성되어 있다. 직업기초능력으로서 의사소통능력을 향상시키기 위한 학습내용을 제시하고 있으며, 의사소통능력의 하위 능력인 경청능력과 의사표현능력 그리고 문서이해 및 작성능력에 대한 내용을 포함하고 있다.

5부에서는 직업기초능력으로서 대인관계의 하위 능력인 갈등관리능력 학습모듈로 구성되어 있다. 의사소통능력과 대인관계능력의 연관성과 대인관계능력의 하위 영역 중 가장 의사소통능력과 밀접한 갈등관리능력의 내용을 포함하고 있다.

아이스 브레이크와 팀 활동은 제시된 학습모듈의 내용과 관련되어 학생들이 사고하고 추리함으로써 학습내용을 사전에 유추해 볼 수 있도록 돕거나, 체험해 볼 수 있는 학습활동으로 학생들의 적극적인 참여를 유도한다.

사후평가에는 모든 학습모듈에 대한 학습을 마친 후 학습자들이 성취수준을 평가하여, 부족한 부분을 피드백 받을 수 있도록 체크리스트가 제시되어 있다.

사전평가

체크리스트

■ 다음은 모든 직업인에게 일반적으로 요구되는 의사소통능력과 대인관계 갈등관리 능력 수준을 스스로 알아볼 수 있는 체크리스트이다.

문항	매우 미흡	미흡	보통	우수	매우 우수
1. 나는 의사소통의 의미와 중요성을 설명할 수 있다.	1	2	3	4	5
2. 나는 의사소통의 종류와 특징을 설명할 수 있다.	1	2	3	4	5
3. 나는 의사소통을 저해하는 요소를 설명할 수 있다.	1	2	3	4	5
4. 나는 효과적인 의사소통능력 개발방법을 설명할 수 있다.	1	2	3	4	5
5. 나는 경청의 의미와 중요성을 설명할 수 있다.	1	2	3	4	5
6. 나는 비언어적 · 언어적 경청을 모두 설명할 수 있다.	1	2	3	4	5
7. 나는 경청의 장애요소와 효과적인 경청방법을 설명할 수 있다.	1	2	3	4	5
8. 나는 의사소통을 위한 바람직한 질문을 설명할 수 있다.	1	2	3	4	5
9. 나는 의사표현의 의미와 중요성을 설명할 수 있다.	1	2	3	4	5
10. 나는 잘못된 의사표현과 바람직한 의사표현을 설명할 수 있다.	1	2	3	4	5
11. 상황과 대상에 따른 적절한 의사표현 방법을 설명할 수 있다.	1	2	3	4	5
12. 설득력 있는 발표방법을 설명할 수 있다.	1	2	3	4	5
13. 나는 문서이해와 작성의 의미와 중요성을 설명할 수 있다.	1	2	3	4	5
14. 나는 다양한 문서의 종류와 특징을 설명할 수 있다.	1	2	3	4	5
15. 나는 문서를 이해하고 요약하고 종합하는 방법을 설명할 수 있다.	1	2	3	4	5
16. 나는 상황과 목적에 따른 문서작성 방법을 설명할 수 있다.	1	2	3	4	5
17. 나는 의사소통과 대인관계의 연관성을 설명할 수 있다.	1	2	3	4	5
18. 나는 상황과 대상에 따라 대인관계 유지를 위해 효과적인 의사소통 방법을 설명할 수 있다.	1	2	3	4	5
19 나는 갈등관리의 의미와 중요성을 설명할 수 있다.	1	2	3	4	5
20. 나는 효과적인 갈등관리 전략을 설명할 수 있다.	1	2	3	4	5

평가방법

■ 체크리스트의 문항별로 자신이 체크한 결과에 해당하는 개수를 아래 표에 적어보자.

문항	총 점	총 점 / 문항 수	
1~4번		총점 / 4 = ( )	의사소통능력
5~8번		총점 / 4 = ( )	경청능력
9~12번		총점 / 4 = ( )	의사표현능력
13~16번		총점 / 4 = ( )	문서이해 작성능력
17~20번		총점 / 4 = ( )	대인관계 갈등관리능력

자아성찰

✎ 앞으로 어떤 노력이 필요할까?

교육계획안

■ 의사소통능력과 대인관계 갈등관리능력에 관한 한 학기 교육계획안이다. 참고하여 교육계획안을 구성한다.

차시	주제	수업내용	비고
1주	강의 소개 및 팀 빌딩	• **사전평가 실시** • **의사소통능력 교과운영 오리엔테이션** • **학습목표** : 의사소통능력 교과의 수업방법을 이해하고, 수업환경을 조성한다. • **학습내용** : 학습자 주도의 수업, 팀 구성 및 팀 빌딩	강의 및 그룹토론
2주	의사소통의 이해	• **학습목표** : 의사소통의 개념, 중요성, 의사소통의 종류와 특징을 설명할 수 있다. • **학습내용** : 의사소통의 개념, 중요성, 종류, 특징	강의 및 그룹토론
3주	의사소통능력 개발	• **학습목표** : 의사소통의 장애요인을 제거하고 효과적인 의사소통방법을 학습하여 의사소통능력을 향상시킨다. • **학습내용** : 의사소통의 장애요인, 효과적인 의사소통 방법	강의 및 그룹토론
4주	경청의 이해	• **학습목표** : 경청의 개념, 중요성을 이해하고 경청할 때 언어적 · 비언어적 요소를 활용할 수 있다. • **학습내용** : 경청의 개념, 중요성, 비언어적 · 언어적 요소	강의 및 그룹토론
5주	경청능력 개발	• **학습목표** : 경청의 장애요인을 제거하고 효과적인 경청방법을 학습하여 경청능력을 향상시킨다. • **학습내용** : 경청의 장애요인, 효과적인 경청방법	강의 및 그룹토론
6주	질문능력 개발	• **학습목표** : 질문의 중요성을 알고, 다양한 질문을 학습하고 적절하게 활용하여 질문능력을 향상시킨다. • **학습내용** : 질문의 개념, 중요성, 효과, 종류, 바람직한 태도	강의 및 그룹토론
7주	의사표현의 이해	• **학습목표** : 의사표현의 개념과 중요성을 알고, 상황에 따른 바른 의사표현방법을 학습하여 의사표현능력을 향상시킨다. • **학습내용** : 의사표현의 개념, 중요성, 바른 의사표현 방법	강의 및 그룹토론
8주	중간고사	중간고사	

차시	주제	수업내용	비고
9주	의사표현능력 개발	• **학습목표** : 의사표현의 잘못된 습관을 개선하고 효과적인 의사표현방법을 학습하여 의사표현능력을 향상시킨다. • **학습내용** : 잘못된 의사표현 습관, 효과적인 의사표현방법	**강의 및 그룹토론**
10주	발표능력 개발	• **학습목표** : 발표의 개념과 중요성을 알고, 성공적인 발표 준비과정을 학습하여 발표능력을 향상시킨다. • **학습내용** : 발표의 개념, 중요성, 발표 준비과정	**강의 및 그룹토론**
11주	문서의 이해	• **학습목표** : 문서의 개념과 중요성을 알고, 효과적인 문서이해 방법과 문서작성 방법 등을 학습하여 문서이해 및 작성능력을 향상시킨다. • **학습내용** : 문서의 개념, 중요성, 효과적인 문서이해 및 작성 방법, 문서전달 방법	**강의 및 그룹토론**
12주	문서작성능력 개발	• **학습목표** : 문서 종류에 따른 문서작성법을 알고 문서작성능력을 향상시킨다. • **학습내용** : 문서 종류에 따른 문서작성법	**강의 및 그룹토론**
13주	대인관계능력 개발	• **학습목표** : 일과 대인관계의 중요성과 대인관계와 의사소통의 연관성을 알고 의사소통을 통한 대인관계능력을 향상시킨다. • **학습내용** : 일, 관계, 대인관계, 대인지각, 대인관계와 의사소통	**강의 및 그룹토론**
14주	갈등관리능력 개발	• **학습목표** : 갈등의 개념과 중요성, 기능을 알고, 갈등관리 전략을 활용해 갈등관리능력을 향상시킨다. • **학습내용** : 갈등의 개념 및 중요성, 기능, 갈등관리	**강의 및 그룹토론**
15주	기말고사	기말고사	

개관

제 01 장 강의 소개 및 팀 빌딩

1 학습자 주도의 수업

공자는 "들은 것은 잊어버리고, 본 것은 기억만 되나, 직접 해본 것은 이해된다."고 말했다. 그리고 그 말은 실험을 통해서도 입증되었다. 1975년 National Safety Council에 로버트 코니커(Robert Kornikau)와 프랭크 맥엘로이(Frank Mc Elroy)가 'Communication for the Safety Professional'이란 제목으로 발표한 내용에 따르면 기억력은 아래와 같은 통계를 가지고 있다.

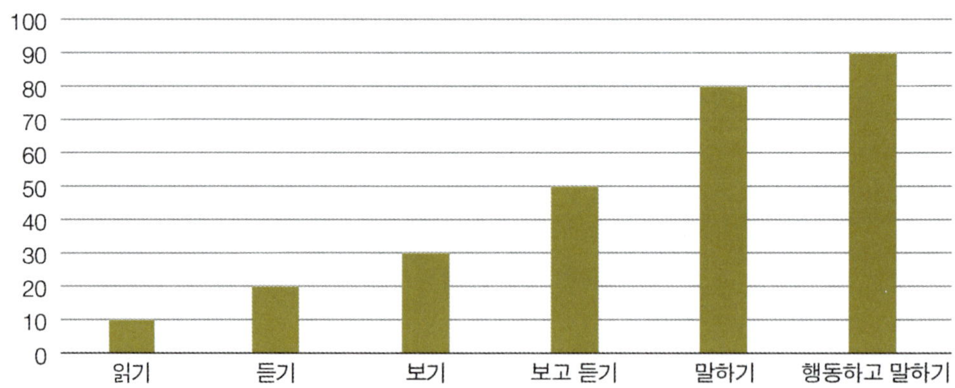

그림 1-1 3일 후, 학습방법에 따른 학습의 효과

그러므로 학습자들의 성장과 변화를 촉진하기 위해서 학습자들의 참여가 최대한으로 이루어지는 것이 학습 효과가 좋다. 특히 의사소통능력의 학습목표는 학습자들이 현상 속에 들어있는 요소들 사이의 관계를 파악하고, 원인과 결과를 밝히며, 추론하는 고차원적인 능력을 신장하는 것에 있다. 따라서 본 교재는 학습자들이 현장에서 일어나고 있는 실제 사례를 통해 수업시간에 관계를 파악하고 원인과 결과를 밝히고 추론하는 사고를 최대한 많이 경험할 수 있도록 구성했다.

의사소통능력을 향상시키기 위한 교수방법으로는 강의식과 같은 직접 교수방법보다 학습자들의 경험을 통해 자신을 발견하고 계획을 수립할 수 있도록 문제 중심 학습, 프로젝트 학습, 역할극, 프로그램 학습, 시뮬레이션 학습 등이 적절하다.

출처: NCS직업기초능력

사람은 타고난 기질도, 삶의 경험을 통해서 형성된 성격적 특성도 모두 다 다르기 때문에 자신에게 맞는 수준별 학습이 이루어져야 한다. 어떤 사람은 자기 자신을 잘 아는데 타인에 대한 이해와 관심이 부족해서, 의사표현을 잘 하지만 경청이 잘 안 되고, 어떤 사람은 타인에 대한 관심과 배려하는 마음이 있어 경청은 잘 하지만 자기주관이 부족해 의사표현은 잘 못하는 사람이 있기 때문이다. 그러므로 학습자는 수업시간에 자신의 특성을 이해하고 자신에게 요구되는 올바른 의사소통 방법을 학습해야 한다. 의사소통능력은 지식을 알고 이해한다고 바로 적용할 수 있는 것이 아니다. 자기 이해와 타인 이해를 바탕으로 생활 속에서 끊임없이 실천하려는 노력이 필요하다.

학습자 중심의 참여학습도 치명적인 단점이 있다. 학습자가 학습목표를 제대로 이해하고 활동에 참여하면서 사고활동을 적극적으로 하지 않으면 수업의 효과가 떨어질 수 있다. 또한 잘하는 학생이 중심이 되고, 못하는 학생은 소외될 수 있다는 것도 큰 단점이다. 그러므로 학습자들이 학습목표를 잘 이해할 수 있도록 교재를 구성함에 있어서 수업 전 수업내용에 대해 미리 생각해보기를 두었다. 그리고 학습자들이 고루 학습에 참여할 수 있도록 팀 구성 및 팀 빌딩 방법을 제시하였다. 마지막으로 학생들이 학습내용을 잘 이해했는지 확인하고 수업 내용을 정리할 수 있는 '학습정리'를 따로 마련해 두었다.

2 팀 기반 학습방법

의사소통능력은 팀을 구성하여 학습하면서, 서로 피드백을 주고 받는 기회를 최대한 많이 갖는 것이 효과적이다.

1) 팀 구성

① 팀은 최소 4명에서 최대 6명으로 구성하는 것이 가장 효율적이다.

② 팀을 구성할 때는 교수가 직접 집단의 조직과정에 관여하는 것이 좋다. 그 이유는 팀 내의 구성원들 사이에 이미 관계가 형성되어 있는 응집력이 강한 하위 집단이 있을 경우, 다른 구성원들이 교육 내내 소외감을 느낄 수 있기 때문이다.

③ 가장 좋은 조건하에서도 한 팀이 최소한 20~25시간 정도 함께 한 후에야 모든 구성원들의 지적 자원을 완벽하게 활용할 수 있게 된다(Watson, Michaelsen, & Sharp, 1991). 그러므로 한 학기에 팀을 구성하는 것은 학기초 한 번이면 충분하다.

④ 다양한 유형의 사람들을 만나고 이해하는 것이 의사소통능력 향상에 도움이 되기 때문에 가능하다면 다양한 유형으로 구성하는 것이 좋다.

다음 키슬러(Kistler)의 대인관계 의사소통 유형을 참고하여 팀을 구성할 수 있다.

키슬러의 대인관계 의사소통 유형

자신의 대인관계 의사소통 스타일을 알아보자.

(전혀 그렇지 않다: 1점, 약간 그렇다: 2점, 상당히 그렇다: 3점, 매우 그렇다: 4점)

문 항		1	2	3	4	문 항		1	2	3	4
1	자신감이 있다					21	온순하다				
2	꾀가 많다					22	단순하다				
3	강인하다					23	관대하다				
4	쾌활하지 않다					24	열성적이다				
5	마음이 약하다					25	지배적이다				
6	다툼을 피한다					26	치밀하다				
7	인정이 많다					27	무뚝뚝하다				
8	명랑하다					28	고립되어 있다				
9	추진력이 있다					29	조심성이 많다				
10	자기자랑을 잘 한다					30	겸손하다				
11	냉철하다					31	부드럽다				
12	붙임성이 없다					32	사교적이다				
13	수줍음이 있다					33	자기주장이 강하다				
14	고분고분하다					34	계산적이다				
15	다정다감하다					35	따뜻함이 부족하다				
16	붙임성이 있다					36	재치가 부족하다				
17	고집이 세다					37	추진력이 부족하다				
18	자존심이 강하다					38	솔직하다				
19	독하다					39	친절하다				
20	비사교적이다					40	활달하다				

출처: NCS직업기초능력

☞ 위 문항에 체크한 문항별 점수를 아래 답안지에 옮겨 적고, 합계를 내보자.

유형	번호	점수	번호	점수	번호	점수	번호	점수	번호	점수	합계
지배형	1		9		17		25		33		
실리형	2		10		18		26		34		
냉담형	3		11		19		27		35		
고립형	4		12		20		28		36		
복종형	5		13		21		29		37		
순박형	6		14		22		30		38		
친화형	7		15		23		31		39		
사교형	8		16		24		32		40		

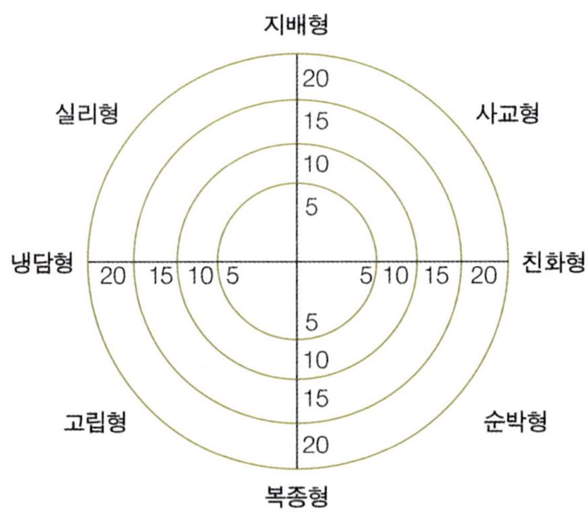

▌그림 1–2 키슬러의 대인관계 양식

키슬러의 대인관계 의사소통 유형별 특성

유형	특성	약함을 강점으로
지배형	**자기주장이 강하고 독단적이고 권위적인 스타일** • 자신이 부족한 것, 능력이 없어 보이는 것에 대한 두려움이 있다. • 항상 자신감이 있으며, 자기 과시가 있다. • 추진력과 지도력이 있고, 타인에게 영향력을 행사한다. • 강압적인 말과 행동으로 타인과 마찰 가능성이 크다. • 타인은 독선적이고 소통이 잘 안 된다고 본다.	다른 사람의 의견을 경청하고 수용하는 자세. 자신의 지배 욕구에 대한 성찰.
실리형	**업무, 성취 지향적 개인주의적인 스타일** • 타인을 신뢰하지 못하고 손해를 보는 것에 매우 예민하다. • 자신의 기준이 확고하고 설득적이다. • 자기중심적이고 경쟁적이며 자신의 이익을 우선시한다. • 타인에게 차갑고 계산적으로 보인다.	타인의 이익도 생각하고 양보, 배려. 타인의 입장에서 경청, 공감.
냉담형	**매우 냉철하고 이성적이고 차가운 스타일** • 감정적이고 약한 모습을 보이는 것을 두려워한다. • 자신과 타인의 감정에 아예 관심이 없고 대인관계가 피상적이다. • 사람 사귀는 데 시간이 오래 걸린다. • 직설적인 말로 타인에게 상처주기 쉽다. • 긍정적인 감정을 쉽게 표현 못한다.	친밀한 대인관계 중요성 인식. 타인의 감정에 관심을 가지고 경청. 자신의 감정을 부드럽게 표현하는 기술 훈련.
고립형	**혼자 있기 좋아하고 혼자 일하는 존재감 없는 스타일** • 우울하고 소극적이고 우유부단하고 타인을 두려워한다. • 의사소통을 잘 하지 못한다. • 자신의 감정을 지나치게 억압하고 거의 드러내지 않는다. • 타인을 방해하지도 않으며 자신도 방해 받는 것을 싫어한다. • 자신만의 생각과 환상에 사로잡혀 있을 수 있다.	대인관계에 대한 지나친 두려움에 대한 성찰. 대인관계 중요성을 인식하고 적극적인 관계맺기 훈련. 감정표현, 자기표현 훈련.
복종형	**의존적이며 수동적인 어린아이 스타일** • 자기주장을 하고 책임을 지는 것을 두려워한다. • 알아서 하는 일은 힘들고, 시키는 일 처리는 잘한다. • 자신감 없고 변화에 대한 두려움이 크다. • 타인에게 주목받는 일을 회피한다.	책임감에 대한 지나친 무게감을 성찰. 자기의견, 생각, 감정 표현하기. 새로운 사람, 새로운 일 등 변화를 추구.

유형	특성	약함을 강점으로
순박형	**단순, 솔직하고, 긍정적이고 밝은 어린아이 스타일** • 자기주장을 하고 갈등이 일어나는 것을 두려워한다. • 자기 주관이 없고 자기주장을 못한다. • 현실감각, 이익에 대해 생각을 거의 하지 않는다. • 타인에게 쉽게 설득 당하고, 잘 속거나 이용당할 수 있다.	갈등의 두려움에 대한 성찰. 자신의 감정과 생각을 알아차리고 표현하기. 객관적, 이성적, 현실적 사고 훈련. 거절, 자기주장 훈련.
친화형	**따뜻하고 인정이 많은 이타적인 스타일** • 타인배려, 자기희생이 지나침. 친구 따라 강남 가는 편. • 타인에게 사랑받고 싶은 욕구가 강하고 상처도 잘 받는다. • 혼자 무언가를 하는 것을 잘 못하고, 함께 해야 한다. • 관계가 깨질까 두려워 거절을 못하고 손해를 본다. • 진지함보다는 편안하고 재미있는 분위기를 선호한다.	자신의 인정욕구와 관계에 대한 집착 성찰 및 자제. 타인과의 정서적 거리 유지의 필요성 인식. 거절 훈련.
사교형	**외향적이며 쾌활하고 자기 개방을 잘하는 연예인 스타일** • 타인에게 인정욕구와 애정욕구가 강하다. • 타인에 대한 관심이 많고, 타인이 자신을 어떻게 생각하는지 관심이 많음. • 혼자 시간 보내기 어려워한다. • 타인의 활동에 적극적으로 간섭하기를 좋아한다. • 타인의 시선을 끄는 행동을 잘함. • 감정적으로 쉽게 흥분하고 충동적인 경향이 있다.	자신의 욕구에 대한 성찰 및 자제. 이성적이고 객관적인 사고 능력 함양. 독립적인 생활태도. 타인의 시각에서가 아니라 자신의 시각에서 자아개념 형성 필요.

어떻게 하면 친해질 수 있을까?

- 키슬러의 대인관계 의사소통 스타일에 맞춰 소통하고 관계 맺는 방법을 팀 토의를 통해 찾아보자.

유형	소통하고 관계 맺는 방법
지배형	
실리형	
냉담형	
고립형	
복종형	
순박형	
친화형	
사교형	

성찰하기

■ 키슬러의 대인관계 의사소통 스타일 진단에 따라 자신의 의사소통능력과 대인관계 능력 향상을 위해 어떻게 해야 하는지 정리해 보자.

제거(eliminate)	증가(raise)
감소(reduce)	시도(create)

2) 아이스 브레이크

아이스 브레이크(Ice-Break)란 새로운 사람을 만났을 때, 얼음처럼 차갑고 냉랭한 분위기를 깨뜨리고 따뜻하고 부드러운 분위기로 만드는 활동이다. 강의 초반에 팀을 구성한 후 5분을 넘지 않을 정도로 하는 것이 좋으며, 학습자들의 분위기나 성격 특성에 어울리도록 준비한다. 교육내용이나 토의 주제와 관련된 것을 하면 더욱 좋다.

▎자기소개가 부담스러운 학습자들을 위한 아이스 브레이크

- 목적 : 서로의 얼굴을 그려주며, 자연스럽게 시선을 교환하면서 친근감을 형성한다.
- 방법 :
  ① 각자 이름을 쓰고, 책을 오른쪽으로 돌린다.
  ② 책을 받은 사람은 그 책의 주인의 얼굴 한 부분을 그리고 다시 오른쪽 사람에게 책을 넘긴다.
  Tip 6명이 한 팀일 경우 얼굴 형, 눈, 코, 입, 헤어스타일 순서로 나누어 그린다.
  ③ 얼굴의 부분을 그린 후 그 사람에 대한 첫인상을 적어준다.
- 주의사항 : 상상으로 그리지 않고, 자신을 봐 달라고 요청하여 본 대로 그린다.

함께 그린 내 얼굴　　　　　　이름 :

나를 한 문장으로 정의한다면?

나는 ______________이다.

내가 좋아하는 것은?

내가 싫어하는 것은?

지금 내 기분은?

3) 팀 빌딩

① 팀 구성원들이 서로를 조금 더 이해하기 위해 공통점 최대한 많이 찾기 활동을 한다.

② 공통점이 들어가는 팀의 이름을 짓는다.

③ 팀의 분위기를 활성화시키기 위해 팀의 구호를 정한다.

④ 팀을 활성화시키기 위해 모든 팀원은 각자 자신의 역할과 책임을 정한다.

⑤ 학습 성과를 위하여 팀원들은 수업시간에 지켜야할 규칙을 정한다.

Tip 부정 언어보다는 긍정 언어를 사용한다(예 : '떠들지 않기'보다는 '조용히 하기'). 규칙이 지켜지지 않았을 때 어떻게 할 것인지도 규칙에 넣는다.

⑤ 네임텐트를 만들어 시각화한다.

- 아래 [그림 1-2]와 같이 접어 삼각텐트를 만든다.
- [그림 1-3]과 같이 한 면에는 이름과 소개, 다른 한 면에는 규칙을 적는다.
- 테이프로 고정시킨다. 책에 꽂아 보관하고 수업시간마다 책상 위에 세워둔다.

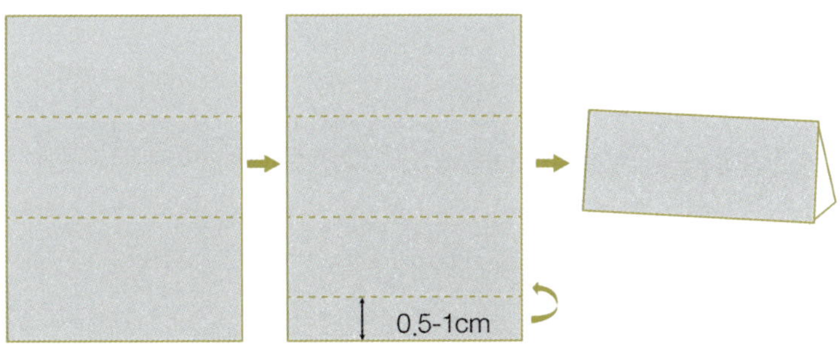

그림 1-3 네임텐트 만드는 법

▌그림 1-4 **네임텐트에 들어갈 내용**

3 학습목표설정

1. 이 수업에 대해 바라는 것은 무엇인가?

2. 이 수업을 통해 어떻게 변화하고 싶은가?

3. 나의 바람이 이루어졌을 때 기분은 어떠할 것 같은가?

4. 목표가 달성되기 위해서 나는 무엇을 해야 하는가?

5. 나의 팀원들이 나에게 어떤 도움을 주었으면 좋겠는가?

6. 나는 팀원들에게 어떤 도움을 줄 수 있을까?

7. 이 질문들에 답하면서 느끼는 나의 생각과 감정은 무엇인가?

01부

의사소통능력

개관

NCS직업기초능력으로서 의사소통(communication)능력은 업무를 수행함에 있어 글과 말을 읽고 들음으로써 다른 사람이 뜻한 바를 파악하고, 자기가 뜻한 바를 글과 말을 통해 정확하게 쓰거나 말하는 능력이다.

학습목표

1. 의사소통의 개념과 중요성을 설명할 수 있다.
2. 의사소통의 종류와 특징을 설명할 수 있다.
3. 의사소통의 장애요인을 설명할 수 있다.
4. 효과적인 의사소통능력 개발방법을 설명할 수 있다.

Ice-Break : 인터뷰 게임

1. 펜 하나를 준비해서 마이크 대용으로 사용한다.
2. 펜을 돌려 멈추었을 때 펜의 볼 부분이 가리키는 사람이 먼저 마이크를 잡고 질문을 시작한다.
3. 원하는 사람에게 질문을 하고, 질문을 받은 사람은 무조건 대답을 한다.
4. 대답을 한 사람이 다시 질문자가 되어 팀원 중 원하는 사람에게 질문을 한다.
5. 릴레이 방식으로 진행되며, 5~10분 정도 즐겁게 서로에 대해 알아가는 시간을 갖고, 팀원들에 대해 알게 된 정보를 기억해서 정리한다.

팀원 이름	알게 된 정보

생각해보기

■ 나의 생각을 먼저 정리해 보고 토의를 통해 개념을 정의해 보자.

	의사소통이란 무엇인가?
나의 생각	
팀원의 생각	
	의사소통능력이 중요한 이유는?
나의 생각	
팀원의 생각	
	의사소통하는 다양한 방법은?
나의 생각	
팀원의 생각	

제 02 장 의사소통의 이해

1 의사소통의 개념과 중요성

1) 의사소통의 개념

의사소통으로 번역되는 Communication의 어원은 '공통의, 공유의' 뜻을 가진 라틴어 'communis'에서 나온 말이다. 단어의 의미 속에 인간 사이에 공유할 수 있는 무언가가 있음을 암시하고 있다. 의사소통에 대한 개념은 매우 다양하다. 의사소통의 사전적 개념은 '가지고 있는 생각이나 뜻이 서로 통함'으로 정의되어 있다. NCS 직업기초능력에서는 의사소통을 다음과 같이 정의하고 있다.

> 두 사람 또는 그 이상의 사람들 사이에서 의사의 전달과 상호교류가 이루어진다는 뜻이며, 어떤 개인 또는 집단이 다른 개인 또는 집단에 대하여 정보, 감정, 사상, 의견 등을 전달하고 받아들이는 과정

출처: NCS직업기초능력

국가직무능력표준에서는 의사소통능력을 업무를 수행함에 있어 글과 말을 읽고 들음으로써 다른 사람이 뜻한 바를 파악하고, 자기가 뜻한 바를 글과 말을 통해 정확하게 쓰거나 말하는 능력으로 정의하고 있다. 의사소통능력은 문서이해능력, 문서 작성능력,

경청능력, 의사표현능력, 기초 외국어 능력으로 구분되어 있다.

표 2-1 직업기초능력으로서의 의사소통능력

하위능력	하위능력개념
경청능력	다른 사람 말을 주의 깊게 들으며 공감할 수 있는 능력
의사표현능력	목적과 상황에 맞는 말과 비언어적인 행동을 통해서 아이디어와 정보를 효과적으로 전달할 수 있는 능력
문서이해능력	직장생활에서 필요한 문서를 확인하고, 읽고, 이해하고, 요점을 파악할 수 있는 능력
문서작성능력	목적과 상황에 적절할 아이디어와 정보를 전달하는 문서를 작성할 수 잇는 능력
기초외국어 능력	외국어로 된 간단한 자료를 이해하거나, 간단한 외국인의 의사표현을 이해할 수 있는 능력

NCS 의사소통능력에는 글로벌 시대에 필요한 외국어능력까지 포함하고 있다. 뿐만 아니라 바이런(Byran) 박사는 외국어로 의사소통을 할 경우에 그 나라의 문화적인 이해가 필요하다고 주장한다. 어떤 몸짓이나 행동이 나라마다 다른 의미로 표현되기 때문이다. 그러므로 오해가 생기지 않도록 나라마다 다른 몸짓의 의미도 알아둘 필요가 있다.

✎ 나라마다 다른 몸짓의 의미를 검색해 보고 정리해서 이야기해 보자.

2) 의사소통의 네 요소

의사소통은 듣기, 말하기, 읽기, 쓰기의 네 가지 요소로 이루어져 있다.

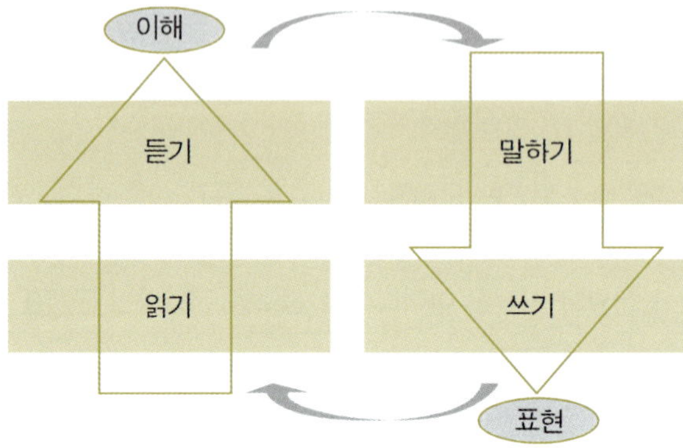

▌그림 2-1 **의사소통의 네 요소**

외부로부터 음성이나 문자 형태의 정보들이 우리 머릿속에 입력되면 그 정보가 이해의 과정을 거쳐 그에 대응하는 적합한 말이나 글로 나타나게 된다. 즉 듣기와 읽기를 통해 이해하게 되고, 말하기와 쓰기를 통해 표현하게 되는 것이다. 이 네 가지 요소가 균형 있게 발달해야 의사소통능력이 있다고 말할 수 있다. 네 가지 요소를 구체적으로 살펴보면 다음과 같은 기능이 있다.

▌표 2-2 **의사소통의 네 가지 요소의 기능**

요소	기능
말하기	현상에 대한 자신의 생각과 감정을 표현
듣기	상대방의 생각과 감정을 이해하고 공감
읽기	글을 통해 정보를 이해하고 다양한 관점으로 인식을 확장
쓰기	현상에 대한 자신의 생각과 감정을 글로 표현

3) 의사소통 개념의 변화

산업사회가 물질 중심의 사회였다면, 21세기 정보화 사회는 인간 중심의 사회라고 볼 수 있다. 물질 중심 사회에서는 인간조차 물질이나 기계처럼 다뤄지고, 관리되고, 통제되었다. 직장에서 의사소통도 기계적인 정보의 전달만으로 이루어졌다. 상사는 부하 직원들에게 주로 지시하거나 명령했다. 부하 직원은 지시를 잘 이해해서 맡은 일만 하면, 조직의 성과를 유지하고 조직 구성원으로서 직장생활을 해 나가는 데 큰 무리가 없었다. 즉 의사소통의 개념은 일방적인 메시지 전달과 이해였다.

그러나 인간 중심 사회에서는 서비스라는 개념이 중시되며, 단순 지식보다 고도의 종합력과 판단력이 요구된다. 즉, 21세기 직장에서의 의사소통의 개념은 일방적인 말하기가 아닌 쌍방향 의사소통으로 변화되었다. 쌍방향 의사소통에서 메시지는 '내용'과 그 말 속에 내포된 감정을 가리키는 '관계'의 두 가지 정보를 담고 있다. 따라서 의사소통은 내용정보와 관계정보에 대한 송신과 수신의 과정이라 할 수 있다.

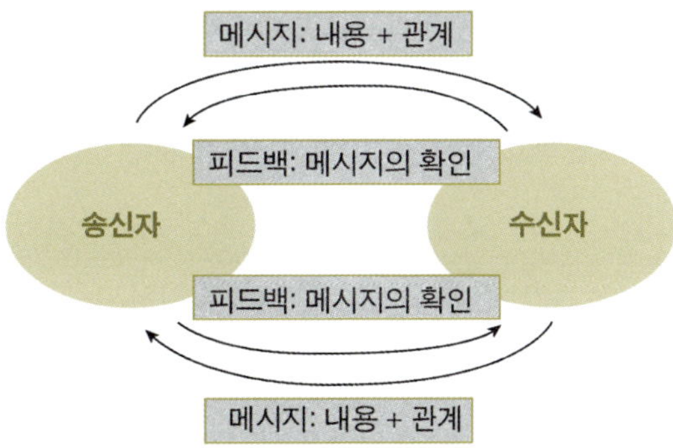

그림 2-2 쌍방향 의사소통의 구성요소

여기서 메시지는 고정적이고 불변하는 것이 아니라 상대방에 따라 유동적이고 가변적인 요소를 가지고 있다. 즉, 동일한 내용을 제시하더라도 경험이나 지위에 따라 각각 다르게 받아들이고 반응할 수 있다는 것이다. 성공적인 의사소통을 위해서는 상대방이 이해하기 쉽게 표현해야 하는 것도 중요하지만, 상대방이 어떻게 받아들일 것인가에 대한 고려가 바탕이 되어야 한다.

피드백이란 상대방에게 그의 행동의 결과가 어떠한지에 대하여 정보를 제공해 주는 것을 말한다. 즉, 그의 말과 행동이 나에게 어떻게 이해되고 영향을 미치고 있는지 솔직하게 알려 주는 것이다. 의사소통의 왜곡에서 오는 오해와 부정확성을 줄이기 위해서 송신자는 사후검토와 피드백을 통해 메시지의 내용이 어떻게 전달되고 있는가를 확인할 수 있다. 면대면 의사소통에서는 직접 말로 물어보거나, 상대방의 비언어적 표현으로 확인할 수 있다.

표 2-3 쌍방향 의사소통의 구성요소

구성요소	특징
송신자	생각, 감정, 정보 등 메시지를 전달하는 사람
수신자	송신자가 전달하는 메시지를 듣고 받아들이는 사람
피드백	송신자와 수신자를 연결하여 송신자의 메시지가 수신자에게 제대로 전달되고 정확히 이해될 수 있게 한다.
메시지	언어적 · 비언어적 형태를 취하며, 내용과 관계를 포함한다.

사회의 변화에 따라 의사소통의 개념이 변화가 이루어 졌고, 의사소통은 복잡해 졌다. 의사소통을 목적에 따라 '정보의 교류'와 '관계의 형성' 두 가지의 유형으로 구분할 수 있다. 직장에서 개인이나 조직간에원만하게 관계를 유지하고, 업무 성과를 높이기 위하여 우리는 보통 정확한 사실에 기반을 둔 정보를 주고받는 사실지향적 대화와 친밀감이나 신뢰감을 형성하기 위해서 감정이나 생각을 주고받는 관계지향적인 대화를 적당히 섞어서 사용해야 한다. S그룹 경영자들을 조사한 결과, 대화의 비율이 대략 '사실지향적 대화와 관계지향적 대화를 7:3 정도로 사용하는 사람이 가장 인기가 높았다'고 한다.

표 2-4 목적에 따른 의사소통

	사실(fact)지향적 의사소통	관계(relationship)지향적 의사소통
목적	지식이나 정보의 전달	친밀감, 신뢰감의 조성
입장	자기 입장	상대방의 입장
수단	설명, 설득, 논의, 지적	공감, 칭찬
길이	간단 명료	길 수 있다.
사실성	사실에 입각해야 한다.	반드시 사실은 아닐 수 있다.
초점	분명할수록 좋다.	분명하지 않다.

4) 의사소통의 중요성

의사소통능력이 중요한 이유는 크게 세 가지 정도로 볼 수 있다.

첫째, 직장에서 의사소통이 안 되면, 업무상 효율성이 떨어지는 것은 물론 심각하면 팀 자체가 와해되는 심각한 문제를 초래할 수 있다. 사적인 인간관계에서도 우리는 잘못된 의사소통으로 인해 곤란한 일을 종종 겪게 된다. 그렇다면 많은 사람들이 모여 일을 해야 하는 직장에서 잘못된 의사소통이 얼마나 더 심각한 문제를 초래할지는 짐작할 수 있다. '능력이 있는 사람이 직장생활도 잘 한다'는 생각은 편견이다. 일을 잘하더라도 잘못된 의사소통 방식과 태도로 인간관계에서 실패하면, 심각한 문제를 초래할 수 있다. 한 예로 스티브 잡스는 주주 및 고객과의 의사소통에는 뛰어난 성과를 보였지만, 조직원들과 소통하는 방식과 태도의 문제 때문에 많은 어려움을 겪었다.

둘째, 직장생활에서 의사소통능력이 필수적인 이유는 직장에서는 혼자 진행할 수 있는 일이 아무것도 없기 때문이다. 반드시 조직에 속해서, 누군가와 공동 프로젝트를 하지 않더라도 어떻게든 직간접적으로 서로 영향을 주고받으면서 업무성과를 창출해야 한다. 그러나 다양한 생각을 가진 많은 사람들이 의견을 종합하고 판단하여 성과를 내는 것은 쉬운 일이 아니다. 또한 현실적으로 조직 내 인간관계는 조직의 성과를 높이기 위하여 협력적으로 일을 하는 관계이면서도, 승진이나 개인적 이득을 얻기 위해 서로 경쟁을 해야 하는 복잡한 관계로 얽혀 있다. 그러므로 직장에서의 의사소통은 일상적인 의사소통보다 더욱 어렵다.

기업의 경영자들은 하루 일과의 70%를 의사소통에 사용하는 것으로 알려져 있다. 일본에서 경영의 신으로 추앙받는 마쓰시다 고노스케는 "기업 경영의 과거형은 관리이다. 그러나 현재형은 소통이다"라고 소통의 중요성을 강조했다. 그럼에도 불구하고 기업 메신저 전문기업 AOS Korea의 고객을 대상으로 한 설문조사에 따르면 직장 내에서 '소통이 안 된다'는 응답이 70%를 넘었다. 또한 취업포털 커리어의 설문조사 결과 원활하지 못한 의사소통(24.9%)은 직장 내 화합과 발전을 저해하는 첫 번째 원인으로 손꼽혔다. 이러한 조사 결과는 직장에서 의사소통이 얼마나 어려운 것인지, 얼마나 중요한 것인지를 잘 보여주고 있다.

결론적으로 현대사회에서 직장생활을 잘 한다는 것은 개인의 능력뿐만 아니라, 원활한 의사소통을 통해 원만한 대인관계를 형성하여 팀워크를 이루고 팀의 능률을 향상시키는 것이다. 그렇지 못하면 서로에 대한 불신과 선입견으로 각각의 입장의 차이를 좁히지 못하고 구성원 간에 원활한 정보의 공유가 어려워져 팀의 능률은 떨어지게 될 것이고, 조직에서 자신의 능력을 제대로 발휘하지 못하게 된다. 그러므로 소통의 어려움을 인정하고 제대로 소통하는 방법을 익혀야 할 것이다.

✎ 내가 경험한 조직 생활에서 의사소통을 할 때 어떤 어려움이 있었는지 이야기해 보고, 팀원들의 의견을 정리해 보자.

2 의사소통의 비언어적 · 언어적인 요소

의사소통은 크게 비언어적 · 언어적인 요소로 이루어진다. 심리학자 알버트 메러비언(Albert Meherabian, 1967)은 일상적인 대화에서 메시지의 영향을 연구한 결과, 말, 단어 등 언어적인 요소는 7%, 어조, 음색 등 음성적인 요소가 38%인 반면, 얼굴 표정 및 몸짓 등 신체적인 요소는 무려 55%로 가장 큰 비중을 차지한다는 것을 밝혀냈다.

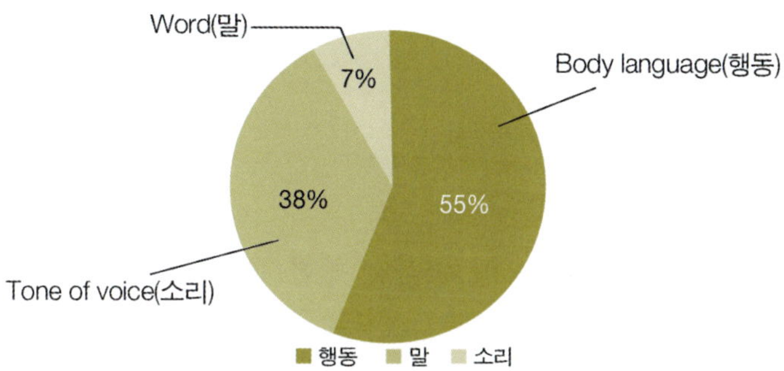

그림 4-1 메라비언의 법칙

연구결과는 의사소통을 할 때 비언어적인 요소를 잘 활용해야 한다는 것을 보여준다. 여기서 주의할 것은 비언어적인 요소 중 제스처는 각 나라마다 문화적 차이로 인해 그 의미가 다를 수 있다는 점이다. 문화적 의미 차이를 모르고 잘못 사용했다가는 큰 문제를 초래할 수 있다.

✎ 각 나라별로 다른 의미를 가진 제스처를 검색해서 정리하고 팀원들과 공유해 보자.

1) 동작언어: 얼굴 표정, 몸짓(팔, 손, 발/다리), 자세

만약 내가 거래처를 처음 방문하는데 거래처 사장이 당신에게 “만나서 반갑습니다.”라는 인사를 건넬 때 다음과 같이 비언어적 표현을 한다면 나는 어떤 행동에서 가장 크게 반가움을 느낄 수 있을지 생각해 보자.

① 바로 선 자세에서 고개만 까딱하며 말할 때
② 미소 띤 얼굴로 고개를 까딱하며 말할 때
③ 악수 등 신체적 접촉을 하며 말할 때
④ 미소 띤 얼굴로 악수하며 말할 때
⑤ 허리를 굽혀 인사한 후에 말할 때
⑥ 허리를 굽혀 인사한 후 미소 띤 얼굴로 말할 때

이처럼 얼굴 표정이나, 몸짓, 자세에 따라 각각 다른 수준의 감정을 느낄 수 있다.

✎ ‘나의 평소 인사할 때 동작언어는 어떠한가?’

서로 이야기해 보고 , 어떻게 인사를 하는 것이 좋을지 팀원들과 상의하여 정리해 보자.

2) 음성언어: 음고, 음속, 음량, 음률, 음간, 발음

음성의 작은 차이에도 우리는 전혀 다른 느낌을 받을 수 있다. 음성언어의 요소는 음고, 음속, 음률, 음간, 발음이 있는데, 이를 구체적으로 살펴보면 다음과 같다.

① 음고(pitch)

- 높은 음: 기쁨, 두려움, 분노 등의 감정을 표현
- 낮은 음: 우울, 피곤, 낙담 등의 감정을 표현

② 음속(tempo)

- 빠른 말: 풍부한 표현, 흥분, 다급함 등의 느낌
- 느린 말: 부족한 표현, 평온함, 무심함 등의 느낌

③ 음량(volume)

- 큰 음성: 열정, 확신, 주장, 신뢰감 등의 느낌
- 작은 음성: 의욕 없음, 불확실, 여린, 수용적 등의 느낌

④ 음률(rhythm)

문맥에서 어느 부분에 강조점을 두느냐에 따라 내용이 달라지거나, 서술문이 의문문이 될 수도 있다. 예를 들면, "나는 너와 함께 여행을 가지 않을 거야" 라는 말에서 어디에 강조를 두느냐에 따라 전혀 다른 뜻이 된다.

- '나는'에 강조를 두면, 그 메시지는 '다른 사람은 너와 함께 여행을 갈 수 있을지 몰라도 나는 아니야'라는 뜻이다.
- '너'에 강조를 두면, 그 메시지는 '나는 그 어느 누구와도 함께 여행을 갈 수 있지만, 너와는 갈 수 없다'는 뜻이다.
- '여행'에 강조를 두면, 그 메시지는 '나는 너와 다른 건 할 수 있지만, 여행은 갈 수 없다'는 뜻이다.

⑤ 음간(pause)

말의 어디를 끊느냐에 따라 다른 느낌을 준다. 또한 상대방을 집중시키는 효과가 있다. 예를 들면, "지금부터 나는 너에게 중요한 얘기를 할 거야." 라는 말에서 어디에 음간을 두느냐에 따라 전혀 다른 뜻이 된다.

- '너에게' 앞에 음간을 두면, 그 메시지는 '다른 사람 아닌 너에게 이야기를 한다.' 라는 뜻이다.
- '중요한' 앞에 음간을 두면, 그 메시지는 '이 이야기는 아주 중요한 이야기이다.'라는 뜻이다.

⑥ 발음(pronunciation)

- 불분명한 발음: 친근함, 답답함, 어리석음 등
- 정확한 발음: 신뢰감, 냉정함, 분명함, 똑똑함 등

의사소통을 할 때 상대방의 동작언어를 관찰하고 음성언어에 귀 기울이면 말의 내면에 있는 속뜻, 정서 심지어 성격적 특성까지 이해할 수도 있다. 비언어적인 요소는 의사표현을 할 때에도 적절히 활용하면 상대방에게 정확한 메시지를 전달할 수 있다.

✎ '나의 평소 음성언어는 어떠한가?', '어떤 느낌을 주는가?', '학습한 것을 어떻게 활용할 수 있을까?' 서로 이야기해 보고 정리해 보자.

3 의사소통의 종류와 특징

최근 컴퓨터와 인터넷, 스마트폰의 기술발달로 의사소통의 환경이 끊임없이 변화하고 발전해 가고 있으며, 그 속도가 점점 빨라지고 있다. 따라서 자신이 가지고 있는 정보가 최신의 것인지 끊임없이 파악해야 하며, 의사소통을 더욱 쉽고 편리하게 할 수 있도록 변화된 환경에 적응하기 위한 노력도 기울여야 한다.

✎ 다음 질문에 답해 보고, 팀원들과 이야기해 보자.

1. 내가 주로 쓰게 되는 의사소통 방법은 무엇인가? 그 이유는?

2. 각 의사소통 방법은 어떤 장·단점이 있는가?

1) 대화

대화는 경청과 의사표현으로 이루어진 의사소통이다. 가장 기본이 되며, 정보와 의사 전달에 있어서 가장 빈번히 사용되는 방법이다. 여기에는 직접대면, 영상, 전화 및 온라인 채팅 등에 의한 방법이 있다. 대화는 상대방의 반응이나 감정을 살필 수 있고, 상대방에 맞추어 정보를 전달하거나 설득할 수 있다는 유동성이 강점이다. 뿐만 아니라 상대적으로 다른 의사소통보다 비교할 수 없이 빈번히 사용한다는 점에서 매우 중요하다.

흔히 대화를 이야기할 때 타인과의 의사소통을 생각하게 되지만 이에 못지않게 중요한 것이 자기와의 대화이다. 가끔은 바쁜 일상 속에서 잠시 멈추어 자신의 내면의 소리를 듣고 소통하는 것을 잊어서는 안 될 것이다. 자기와의 대화는 자신을 돌아보게 하고 앞으로 나아가야 할 방향을 결정하는 데 있어 가장 중요한 정보를 제공한다고 할 수 있다.

✎ 나와 대화

다음 질문에 대답하거나 새로운 질문을 만들어 나와 대화하는 시간을 갖고 어떤 느낌인지 팀원들과 이야기 나누어 보자.

• 나는 누구인가?

• 내가 가장 사랑하는 것은?

• 나를 가장 열정적이게 하는 것은?

• 마음에 남았던 글귀는?

• 나를 아프게 하는 것은?

• 내가 제일 두려워하는 것은?

2) 문서

전달내용이 중요하고 기록으로 남겨야 하는 경우에는 문서적인 의사소통이 효율적이다. 문서적인 의사소통은 간단한 전화메모부터 서신, 이메일, 보고서, 안내서, 협조문, 공람 등이 포함된다. 문서적인 의사소통은 언어적인 의사소통에 비해 정확성을 기하기 쉽고, 전달력이 높고, 보존성이 크다. 그러나 이 또한 쉬운 것이 아니다. 때로는 문구의 표현을 해석하는 중에 혼란과 오해를 일으키는 경우도 있다.

직장생활에서 요구되는 문서적인 의사소통능력은 문서로 작성된 글이나 그림을 읽고, 내용을 이해하고 요점을 파악하는 문서이해능력과 이를 바탕으로 목적과 상황에 적합하게 아이디어와 정보를 전달할 수 있는 문서작성능력을 말한다.

✎ 팀원들과 이야기해 보자.

1. 어떤 상황에서 대화보다 문서가 더 효율적일까?

2. 문서로 의사소통을 하면서 어려운 점은 무엇일까? 경험을 떠올려 보자.

3. 나의 메모 노하우가 있다면 무엇인가?

4. 어떻게 하면 리포트를 잘 쓸 수 있을까?

사례

협업의 적, 카톡·슬랙 등 메신저

원팀 원브레인(One Team One Brain) 협업에 필요한 기본 원칙을 영국 프리미어 축구팀에 비유하여 설명했다. 6편부터 협업을 가로막는 나쁜 관행과 습관을 살펴본다./편집자 주

축구 경기장에서 선수들은 몸짓과 표정으로 통신을 하면서 경기를 한다. 때로 고함을 지르기도 하지만 수만 명의 관중의 함성 소리 때문에 음성으로 의사소통하기란 거의 불가능하다. 한 선수가 공을 잡으면 동료들은 마치 텔레파시로 미션을 전달받은 듯이 빈 공간으로 달려간다.

만약 선수마다 귀에 무전기 이어폰을 꽂고 경기를 한다면 어떻게 될까? 감독의 지시를 들어야 하고, 주장의 호통도 들어야 할 것이다. 여러 선수의 불만 또는 욕설을 들을 수도 있다. 아마 선수들은 정상적인 경기를 못하고 결국 이어폰을 땅바닥에 내던질 것이다.

애자일 협업이 작동하려면 정확하고 긴밀한 소통이 필요하다. 그런 소통을 위해 많은 기업들이 슬랙(Slack), MS팀즈(Teams), 행아웃 등 업무용 메신저를 도입해서 사용하고 있다. 심지어 국내 기업 중에서 카카오톡을 업무용으로 사용하는 곳이 많다.

그런데 대부분 메신저의 기본 속성을 잊고, 여러 곳에 남용하고 있어 부작용이 심각하다. 관리자는 메신저를 자신의 지시를 한꺼번에 여러 명에게 알리는데 사용한다. 또 누가 현재 업무 중 인지를 체크하는 감시용으로 사용하기도 한다.

직원들끼리는 점심, 저녁 약속과 같은 사적인 대화나 회사 각종 루머를 수집하고 돌리는 뒷담화 통신 무대로 메신저를 활용한다. 한때 유행했던 문서 형태의 증권가 찌라시는 사라지고 '펌 형식'의 메신저 찌라시가 그 자리를 차지하고 있다.

보안 문제도 심각하다. 사내에서만 유통된 정보가 외부 메신저를 통해 복사되어 실시간으로 유출된다. 메신저의 파일 첨부 기능을 남용하는 문화 속에서 랜섬웨어 등 보안 사고가 발생하기도 한다.

메신저의 가장 큰 문제는 임직원의 뇌활동을 연결하고 그 부산물을 아카이빙하는 기능은 전혀 못하는 점이다. 더 심각한 문제는 메신저 채팅방 숫자만큼이나 조직이 파당화되면서, 눈에 보이지 않는 '사이버 사일로'가 생성되는 점이다.

기업이 메신저를 협업 도구로 채택하고 있는 것은 축구 선수들에게 무전기를 지급한 것과 같다. 임직원들이 듣지 않아도 될 메시지 홍수에 귀가 멍멍하고, 정작 필요한 정보는 묻혀서 구하지 못하고 있다. 축구 선수처럼 메신저를 집어던져야 상황을 제대로 볼 수 있을 정도다.

무전기는 본래 공동작업 도구다. 즉 공항, 건설 공사, 재난 현장, 군사 작전 등 특수한 현장

에서 여러 사람이 공동 작업을 하기 위해 고안된 소통 수단이다. 따라서 디지털 무전기에 해당하는 메신저도 특수한 상황의 공동작업에 한정해서 사용해야 한다.

예를 들어 디지털 무전기는 원격회의에 딱 어울린다. 또 문서를 긴급하게 공유해놓고, 담당자에게 즉각 작업을 요청할 때 메신저가 유용하다. 도저히 전화를 할 수 없는 특수 상황에서도 메신저가 필요할 것이다.

미국에서 인기가 높은 기업용 메신저인 슬랙의 경우 게임회사가 개발자 간 내부 소통을 위해 고안해서 상품화한 것이다. 따라서 빠른 커뮤니케이션과 현장 의사 결정이 필요한 스타트업, 언론사, 소프트웨어 개발 회사에 특화돼 있다. 또 대기업에서 공동작업이 필요한 부서에서 슬랙이나 팀즈를 활용한다.

원팀 원브레인 애자일 협업을 희망하면, 사내 메신저 활용실태부터 조사해보라. 아마 카톡을 업무용으로 남용하는 사례가 바로 눈에 띄일 것이다. 그리고 수많은 단톡방이 조직 내 분파 역할을 하고 있고, 그 분파 숫자는 계속 늘어나는 것을 확인할 것이다.

출처: 우병현 IT조선대표 (2019.03.26. 07:00) Copyright © IT Chosun.

4 학습정리

성찰하기

■ 학습한 내용을 마인드맵으로 정리해 보자.

Ice-Break: 소통 달팽이

활동의 목표는 선에 닿지 않고 최대한 빨리 통과하는 것이다.
활동방법은 두 사람씩 짝을 지어 가위바위보를 한다. 설명할 사람이 스톱워치를 준비한다. 그리는 사람은 눈을 감고 펜을 시작점에 놓는다. 눈을 감은 사람은 설명하는 사람의 안내에 따라 펜을 이동하여 목표지점까지 이동한다.
'어떤 현상이 일어났는가? 나의 설명은 듣는 사람에게 어떤 느낌을 주었는가?' 이야기해 본다.
파트너를 바꾸어 다시 한번 해본다. 이번에는 서로 어떻게 하면 더 잘 할 수 있을지 전략을 짜고 해 본다.

소통달팽이

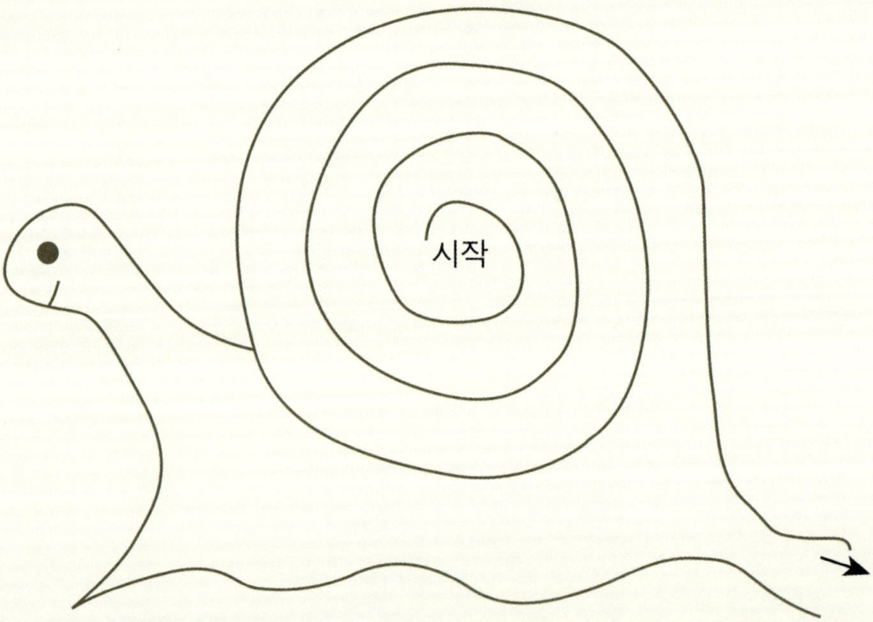

걸린 시간:　　　　　　　　　　　　선에 닿은 갯수

생각정리

■ 나의 생각을 먼저 정리해 보고 토의를 통해 개념을 정의해 보자.

	의사소통의 장애요인은 무엇인가?
나의 생각	
팀원의 생각	
	의사소통을 잘 하려면 어떻게 해야 할까?
나의 생각	
팀원의 생각	

제 03 장 의사소통능력 개발

1 의사소통의 장애요인

평소 대인관계에서 또는 직장생활에서 원활한 의사소통의 중요성을 잘 알지만, 우리는 자신도 알지 못하는 사이에 빈번히 의사소통을 저해하는 행동을 한다. 오죽하면 의사소통 전문가들 사이에서도 "내 말을 제대로 알아들어 주면 고마운 일이고, 못 알아들으면 당연한 일이다."라는 말을 하곤 한다. 소통 전문가들도 그렇게 느끼고 표현할 정도이니 원활한 의사소통이 얼마나 어려운 일인가. 그러므로 소통에서 발생하는 여러 장애요소와 잘못된 습관들을 이해하고 이를 개선하여 의사소통 능력 향상을 위한 노력을 기울여야 한다.

1) 대화 중 발생하는 장애요인

(1) 송신자(말하는 사람)의 장애요인

송신자가 말을 할 때에는 마음속에 상대방에게 전달하고자 하는 의도가 있다. 그러나 그 의도는 직접적으로 전달될 수 없기 때문에 말과 행동이라는 부호로 바꾸어 표현하게 되고, 수신자는 말하는 사람의 말을 듣거나 행동을 보면서 그것을 해석하여 말하는 사람의 의도를 미루어 짐작하게 된다.

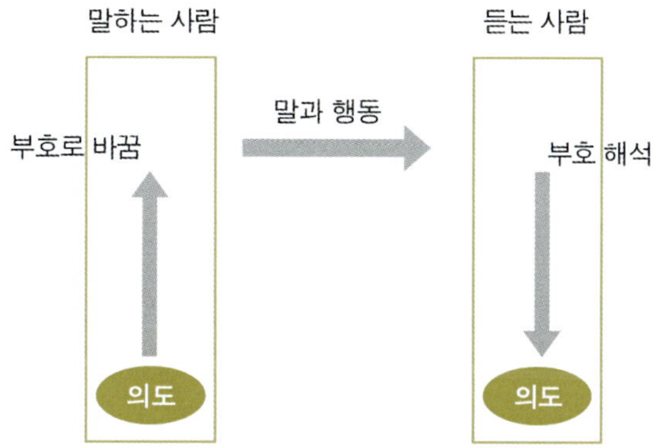

그림 3-1 메시지 전달과정

그런데 이처럼 간단하게 보이는 과정에도 수많은 장애요소가 있다. 말하는 사람이 마음속에 가지고 있던 의도와 표현하는 말과 행동이 다를 때가 있기 때문이다. 말하는 사람이 자기의 의도를 제대로 표현하지 못하는 이유는 다음과 같다.

첫째, 수신자의 마음을 상하게 하지 않을까? 하는 우려

둘째, 수신자에게 거부 또는 무시당하거나 이해받지 못하면 어쩌나 하는 마음

셋째, 잘못된 언어 습관이나 표현력 부족

(2) 수신자(듣는 사람)의 장애요인

듣는 사람이 말하는 사람의 뜻을 오해하는 경우도 있다. 듣는 사람이 오해하는 이유는 다음과 같다.

첫째, 자기 생각과 감정, 자기 입장에서 듣고 있음

둘째, 듣고 이해하는 능력의 부족

2) 잡음에 따른 의사소통 장애요인

잡음(noise)이란 정보를 송신하거나 수신하는 과정에서 의사소통의 정확도를 감소시

키는 방해요소이다. 잡음에는 애매함, 과잉, 그리고 반어 등이 포함되는데 잡음의 종류에는 크게 인지 · 심리적 잡음과 물리적 잡음이 있다.

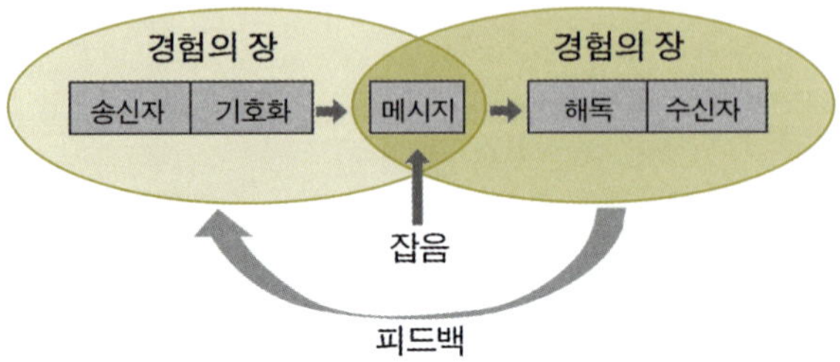

그림 3-2 쉬람[1] 의사소통 모형

(1) 인지 · 심리적 잡음

의사소통을 하는 중에 송신자나 수신자의 마음속에 발생하는 잡음을 인지 · 심리적 잡음이라고 한다. 잡생각을 하다 정보를 인지하지 못하는 경우가 대표적이며, 선입견이나 편견도 심리적 잡음이 된다.

① 왜곡

수신자 개인의 경험 또는 동기에 따라 형성된 가치관, 선입견, 편견, 고정관념 등의 이유로 송신자의 메시지가 의도와 다르게 왜곡되어 해석되는 경우를 말한다.

② 무관심

송신자에 대한 무관심과 편견으로 대화에 집중하지 않는 경우에 발생한다. 의사소통은 말뿐만 아니라 얼굴 표정, 자세, 말투, 비언어 등을 통해서 전체적으로 전달되기 마련인데, 무관심으로 이들을 보지 않고, 말만 듣는 경우에 메시지 전달의 오류가 발생하고 엉뚱한 피드백을 하게 될 수 있다.

---

1) 쉐논과 쉬람(1964)의 통신모형을 근간으로 쉬람이 경험의 장을 추가하여 개발되었다. 이후로 경험의 장 이외에 피드백, 잡음 등이 통신상에서 중요한 요소들로 고려되기 시작하였다.

③ 불신

수신자가 송신자를 신뢰하지 못하는 경우에 발생한다. 그럴 경우 메시지를 있는 그대로 수용하지 못하고 이면의 의미가 있다고 짐작하고 다르게 해석한다.

④ 평가 · 조언

송신자의 메시지 속의 생각과 감정을 수용하고 이해하는 것이 중요한데, 수신자가 송신자가 원하지 않는 자신의 경험적 평가나 조언을 해줌으로써 소통을 어렵게 하는 경우이다. 때론 갈등을 유발할 수도 있다.

⑤ 감정상태

자신의 감정에 빠져서 진행되는 의사소통으로 서로에게 부정적인 영향을 주게 되는 경우가 많다. 때론 실속 없는 의사소통의 결과를 초래한다.

(2) 물리적 잡음

송신자와 수신자 간에 외면적인 조건이나 경제 · 사회적 격차로 인한 정보 부족, 또는 능력이나 지식 부족, 매체의 불안정성, 시간, 공간 등의 제약으로 인해 의사소통을 저해하는 모든 요인을 말한다.

① 정보의 격차

새로운 정보기술에 쉽게 접근할 수 있는 능력을 가진 사람과 그렇지 못한 사람 사이에 경제 · 사회적 격차가 심화된다. 정보의 격차로 의사소통이 어려워지는 경우이다.

② 생략 · 누락

송신자의 능력이나 지식이 부족하거나, 혹은 매체의 불완전성 때문에 메시지 전달과정에서 정보가 누락되거나 생략되는 경우이다.

③ 적시성

의사소통의 생명은 적시성(timing)이다. 정보가 아무리 중요해도 수신자가 필요로 하는 때에 정확히 전달되어야 진정한 의미가 있다.

④ 환경 · 분위기

외부의 공사, 음악소리, 대화, 소음, 온도, 조명상태 등 주변 환경이 열악한 경우에도 의사소통은 어려워진다. 서로 집중할 수 있는 조용하고 편안한 분위기에서 대화가 이루어지는 것이 좋다.

⑤ 우리말의 특성으로 인한 장애요인

우리말은 영어와는 달리 주어를 생략하고 사용하기 때문에 긴장하고 듣지 않으면 왜곡되거나 정반대의 의미로 해석될 수가 있다. 또한, 조사 하나만 바꾸어도 의미가 전혀 달라지기도 한다. 예를 들면,

– 00은 성격도 좋다.(00은 많은 장점이 있지만, 성격이 좋은 것도 큰 장점이다.)

– 00은 성격이 좋다.(00은 성격이 좋은 장점이 하나 있다.)

– 00은 성격은 좋다.(00은 단점이 있지만, 성격이 좋은 것은 장점이다.)

– 00은 성격만 좋다.(00은 성격 좋은 것 빼고, 다른 장점이 하나도 없다.)

이처럼, 우리말 고유의 특성도 소통의 장애요인이 될 수 있다.

이렇게 말하는 사람과 듣는 사람은 여러 장애요소를 가지고 대화를 한다. 이렇게 하나하나 따져보면, 사람과 사람 사이에서 대화가 통하는 것이 신기할 정도이다.

3) 의사소통에 장애가 되는 잘못된 사고방식

(1) 자기 멋대로 말하고 듣는 자기중심적인 사고방식

대화 중에 말하는 사람이 자신의 입장과 방식으로 말을 하고, 듣는 사람 또한 자신의 입장과 방식으로 듣고 해석한다면 오해가 빚어질 수밖에 없다. 바람직한 의사소통을 위해서 말하는 사람은 자신의 메시지를 듣는 사람이 이해하기 쉽게 표현해야 한다. 그리고 듣는 사람이 어떻게 받아들일 것인가에 대한 고려가 있어야 한다. 그렇지 않으면 왜곡된 정보가 생기고 의사소통의 장애가 발생한다.

(2) 확인하지 않고 소통이 잘 되었다고 착각

송신자가 정확히 전달했는지, 또는 수신자가 정확히 이해했는지 서로 상대방의 입장에서 확인을 해야 함에도 전달 또는 듣기만 하고 확인하지 않고 그 순간을 그냥 넘겨버린다면 '엇갈린 정보'를 갖게 되기 쉽다. 자신은 잘 전달했다고 또 잘 이해했다고 착각에 빠진 채 업무를 진행하면 정보 공유의 부족에서 오는 문제가 반드시 발생하게 된다.

(3) 말보다 눈치를 중요하게 생각하는 우리 문화적 의식

'말이 필요 없다.', '눈치껏 배워라', '호흡이 중요하다.' 등 직접적인 언어표현을 통해서 대화하기보다는 '눈치'를 중요시하는 우리 문화적 의식은 의사소통의 큰 걸림돌이다. 눈치를 중요시하는 우리 의식은 과거에 서로 오랜 기간을 두고 함께 일하며, 동거 동락했던 농경시대에서 비롯된 문화이다. 그때는 서로 말하지 않아도 알 수 있을 정도로 서로에 대한 유내관계가 형성되어 있었다. 그리고 오랜 시간 동안 유교의 영향을 받으면서, 말이 많은 것을 경계하는 의식이 생겨났다. 그런 역사적 배경 속에 무의식적으로 새겨진 관념은 서로 만남의 기간이 짧고 많은 정보를 주고받아야 하는 현대사회에의 의사소통에 큰 장애요인이 되었다. 특히 정확한 정보를 전달해야 하는 업무 현장에서는 더욱 적절치 않다. 섬세하고 배려 있는 의사전달과 경청이 업무현장에서는 무엇보다 중요하다.

✎ 장애가 발생했던 의사소통 상황을 떠올리고, 4컷 만화로 표현해 보자.

✎ 배운 내용을 적용해 보았을 때 무엇이 문제였을까?

✎ 다시 그때로 돌아간다면 어떻게 표현하면 좋을까?

2 효과적인 의사소통 방법

의사소통능력을 개발하기 위해서는 자신이 의사소통의 중요한 주체임을 스스로 인지하고, 자신을 먼저 이해시키는 노력이 필요하다. 그리고 타인을 이해하려는 노력과 조직의 구성원으로서 조직 분위기를 개선하도록 노력하는 것이 중요하다.

조직 속에서 오랫동안 그 생활에 익숙해진 사람들과 생활하다 보면 시야가 좁아진다. 의사소통도 마찬가지이다. 오랫동안 알고 지낸 사람들은 그들만의 언어를 사용하고, 최소한의 의사표현만으로도 소통이 가능하기 때문에 언어표현의 한계가 생긴다. 그러나 언제나 같은 사람들만 만나는 것이 아니라 새로운 사람이 들어오기도 하고, 새로운 고객을 만나는 일이 생기기도 한다. 그러므로 바람직한 의사소통을 위하여 스스로 많은 노력을 해야 한다.

자신에게 익숙한 표현만을 고집스레 사용하면 메시지의 신선함과 풍부함이 떨어져 경청을 어렵게 한다. 그러므로 다양한 표현, 상대방의 마음을 끌어당길 수 있는 새로운 표현을 활용하여야 한다. 이런 조직 내의 의사소통 장애요인을 알고, 이를 극복하기 위해 조직의 분위기를 개선하려는 노력이 필요하다.

첫째, 상호 신뢰적인 분위기를 조성한다.

원활한 의사소통에서 중요한 요소는 친밀감과 신뢰감이다. 그러므로 원활한 의사소통을 위하여 상대방에게 먼저 친밀감과 신뢰감을 보여야 한다. 그리고 그 관계를 유지하도록 힘써야 한다.

둘째, 전달할 내용을 명확화한다.

의사소통 전에 먼저 전달할 내용이 무엇인지, 왜 전달해야 하는지 어떻게 전달해야 할지를 생각해보고 명확하게 정리한 후 전달한다.

셋째, 언어의 단순화이다.

의사소통에서 사용되는 언어는 받아들이는 사람을 고려하여 선택하고 상대방이 이해 가능한 것으로 쉽게 표현해야 한다. 그러므로 상황에 따라 용어의 선택이 달라질 수 있다. 전문용어는 그 언어를 사용하는 집단구성원 사이에서는 효율적이지만, 조직 밖의 사람들에게 사용했을 때에는 소통의 오류나 어려움이 발생할 수 있다.

넷째, 적극적인 경청을 한다.

적극적인 경청은 그냥 듣는 것이 아니라 송신자의 말 속에 담긴 의미와 기분을 능동적으로 탐색하며 듣는 것이다. 그리고 수신자가 어떻게 이해하고 받아들이고 있는지를 송신자에게 다시 전달하여 확인시켜 주는 대화방식이다. 적극적인 경청은 고도의 집중력과 훈련을 필요하기 때문에 그리 쉬운 일은 아니다. 그러나 말하는 사람의 메시지를 가장 정확하고 깊이 있게 이해할 수 있다.

다섯째, 적절한 피드백과 확인이다.

피드백(feedback)이란 상대방에게 그의 행동의 결과가 어떠한지 정보를 제공해 주는 것을 말한다. 즉, 너의 행동이 나의 행동에 어떤 영향을 미치고 있는지를 솔직하게 알려주는 것이다. 우리는 피드백을 통해 상대방이 메시지를 잘 이해했는지 확인할 수 있다. 직접 질문하여 피드백을 받을 수도 있고, 비언어적인 표현을 통해 피드백을 받을 수도 있다. 좋은 피드백은 행동을 개선할 수 있는 기회를 제공해 줄 수 있지만, 부정적이고 비판적인 피드백을 계속 주는 경우에는 오히려 역효과가 난다. 그러므로 긍정적인 피드백과 부정적인 피드백을 균형 있게 전달해야 한다.

여섯째, 감정을 적절하게 표현한다.

대인관계에 가장 큰 영향을 미치는 것은 감정이다. 의사소통에 있어서 다양한 감정을 갖는다는 것은 자연스러운 일이다. 긍정적인 감정이나 부정적인 감정을 모두 허용하고 표현하는 것은 의사소통, 대인관계 그리고 개인의 정신적인 건강을 위해서도 매우 중요하다. 같은 상황에서도 부정적인 감정을 주로 선택하는 사람이 있고, 긍정적인 감정을 주로 선택하는 사람이 있다. 즉 상황을 받아들이는 사람의 태도에 따라 감정은 바뀔 수 있다. 대개 사람들은 긍정적인 것을 좋아하고 부정적인 것을 싫어하기 때문에 부정적인 감정표현을 지나치게 많이 하면 대인관계가 불편해질 수 있다. 그 반대의 경우여도 지나치면 불편하긴 마찬가지이다.

그리고 긍정적이든 부정적이든 자신의 감정에 빠져 듣거나 읽게 된다면 메시지를 왜곡하여 받아들이기가 쉽다. 반대로 자신이 전달하고자 하는 메시지도 정확하게 표현하지 못할 수도 있다. 이럴 때 가장 좋은 방법은 의사소통을 미루고 잠시 감정에 집중하는 것이다. 감정은 바람과 같아서 감정을 주시하면 사라진다. 평정심이 찾아오면 다시 의사소통을 적극적으로 하려는 태도를 보여야 한다.

3 학습정리

배 · 느 · 실로 배운 내용을 정리해 보자.

배운 점에는 배운 내용을 요약하고, 느낀 점에는 오늘 수업을 하면서 느낀 기분과 자신에 대한 생각을 적고, 실행할 점에는 배운 내용을 내 생활 속에 어떻게 실천할지 계획을 세우는 공간이다.

배운점	
느낀점	
실행할점	

02부

경청능력

개관

경청능력은 다른 사람의 말을 주의 깊게 들으며 공감하는 능력이다. 경청을 하면 상대방과 친밀감 및 신뢰감을 형성할 수 있다. 직장생활에서 업무 성과를 높이기 위해서는 타인과의 친밀감과 신뢰감을 축적하는 것이 필요하다. 이때 경청능력은 인간관계를 형성하는 가장 중요한 요인으로 의사소통의 기초역량이라 할 수 있다.

학습목표

1. 경청의 개념과 중요성을 설명할 수 있다.
2. 비언어적·언어적인 경청을 설명할 수 있다.
3. 경청의 장애요인을 설명할 수 있다.
4. 효과적인 경청방법을 설명할 수 있다.

Ice-Break: 누가 가져갔을까?

• **활동 목적**

의사소통의 도구 중 하나인 시선이 주는 영향력을 체험하고, 시선을 주고받는 연습을 1단계와 2단계 중 선택해서 하거나 1단계 후 2단계를 해볼 수 있다.

• **1단계**

1. A4용지를 팀원 수만큼 같은 크기로 자른다.
2. 그 용지 중 하나에만 작게 X자를 표시한다.
3. 팀원들 각자 하나씩 종이를 가져가고, X가 적힌 용지를 가져간 사람은 한 사람을 제외한 나머지 사람에게 한 명씩 윙크를 해서 자신이 X가 적힌 용지를 가지고 있음을 알린다.
4. 팀원들은 X를 가진 사람에게 몰래 윙크를 받기 위해 노력해야 하면 윙크를 받은 다음 바로 내려놓아서는 안 되고 천천히 시간을 두고 적당한 때에 내려놓아 X를 가진 사람이 밝혀지지 않도록 해야 한다.
5. 끝까지 윙크를 받지 못한 사람이 누가 X를 가진 사람인지 맞추어야 한다.

• **2단계**

1. A4용지를 팀원 수만큼 같은 크기로 자른다.
2. 그 용지 중 하나에만 작게 X자를 표시한다.
3. 팀원들 각자 하나씩 종이를 가져가고, X가 적힌 용지를 가져간 사람은 절대 티를 내서는 안 된다. 처음부터 끝까지 표정은 무표정이어야 한다.
4. 3분 안에 서로 눈빛 교환을 통해 누가 X자가 적힌 용지를 가져갔는지 맞추어야 한다.
5. 활동을 하고 어떤 일들이 일어났는지 이야기해 보고 정리해 보자.

생각정리

■ 나의 생각을 먼저 정리해 보고 토의를 통해 개념을 정의해 보자.

	경청이란 무엇인가?
나의 생각	
팀원의 생각	

	경청을 잘한다는 것은 구체적으로 무엇을 말하는가?
나의 생각	
팀원의 생각	

제 04 장 경청의 이해

1 경청의 개념과 중요성

1)경청의 개념

경청(傾聽)의 사전적 의미는 '남의 말을 귀 기울여 주의 깊게 들음'이다. 즉 귀로 듣기(listening)에 초점이 맞추어져 있다. 그러나 요즘 경청의 의미는 더욱 확대되어 상대방의 생각과 감정을 자신이 어떻게 이해하고 받아들이고 있는지 '입'으로 말하여 확인해 주는 것까지 포함한다. 이것을 다른 표현으로 '적극적인 경청(active listening)'이라고 한다.

적극적인 경청(active listening)은 미국의 인간 중심 상담학자 칼 로저스[2)]가 주장한 것으로 상대방의 말을 효과적으로 듣는 의사소통 기술이다. 그는 말을 들을 때 주고받는 표면적인 말만 듣지 말고 말 속에 담긴 의미와 기분을 알아들어야 하며, 소극적으로 듣기보다는 상대방의 말을 자신이 어떻게 이해하고 받아들이고 있는지 확인시켜 주는 방식이 효과적이라고 주장한다.

상대방의 이야기를 경청할 때에는 그의 사고, 감정, 행동 등을 평가하거나 비판하지 않고 있는 그대로 받아들여야 한다. 그래야 상대방이 자신의 생각과 감정을 긍정적이든 부정적이든 솔직하고 성실하게 표현할 수 있기 때문이다.

---

2) 칼 로저스(carl Rogers). 미국의 인간중심치료의 창시자. 인간중심치료는 기존의 정신병원에서 명령적 · 지시적 요법이 아닌 비지시적 요법으로서 심리치료사와 환자가 자주 만나서 이야기하는 방식이다.

2) 경청의 중요성

경청이란 '타인의 말에 귀를 기울여 듣는 것으로 의사소통 과정에서 친밀감과 신뢰감을 쌓을 수 있는 최고의 방법'을 말한다. 경청을 하면 상대는 자신이 존중받는다는 생각이 들고, 본능적으로 안도감을 느낀다. 그리고 무의식적으로 신뢰감을 갖게 되고 내가 이야기할 때 나의 말에 집중하게 된다. 즉 나의 경청능력이 상대방의 경청능력을 향상시켜 의사소통이 원활해진다. 피터 드러커[1]는 "내가 만일 경청하는 습관을 갖지 못했다면, 나는 그 누구도 설득하지 못했을 것이다"라고 경청의 중요성을 강조했다.

의사소통은 단순히 메시지를 전달하는 과정이 아니라, 상대방과의 상호작용을 통해 메시지를 주고받는 과정이다. 의사소통을 보다 잘 하기 위해서는 타인의 말을 잘 듣는 것이 우선적으로 필요하다. 즉, 경청을 통해 상대방을 먼저 이해하고 상대방이 어떻게 받아들일 것인가에 대한 고려가 먼저 이루어진 다음 그에 맞추어 상대방에게 나의 메시지를 전달해야 한다. 그러므로 경청은 의사소통의 시작이며 기본이다.

✎ 적극적 경청 실습 경청하고 공감하기

1. 두 사람이 마주보고 한 사람이 먼저 2분 정도 짧게 자신에게 있었던 일을 이야기하고, 한 사람은 듣기만 한다. 이야기가 끝난 후 말한 사람의 이야기 내용은 무엇이었는지, 말한 사람의 기분은 어떠했는지 이야기한다.

2. 이번에는 서로 보지 않고 등을 대고 앉은 채로 다시 한 번 좀 전에 이야기한 방식으로 2분 정도 이야기를 하고 듣는다.

3. 팀별로 무엇이 어떻게 다른지 이야기해 보고 정리해 보자.

1) 피터 드러커(Peter Ferdinand Drucker). 미국의 경영학자, 현대 경영학을 창시한 학자.

2 경청의 수준

우리가 태어나서 처음 하는 것이 듣는 행위이다. 부모의 언어적인 메시지를 들음으로써 언어를 배우고, 학교에서 수업시간에 선생님의 이야기를 들음으로써 지식을 얻고, 친구들의 이야기를 들음으로써 타인을 이해하고 경험을 공유하고, 각자의 직업에서 상사, 동료, 거래처, 고객 등 많은 사람의 이야기를 들음으로써 일을 배우고, 업무를 수행하고, 문제를 해결한다. 또는 책, 미디어, 뉴스 등 수많은 정보들을 듣고 세상을 이해하며 지혜롭게 삶을 살아간다. 즉, 들음으로써 정보를 얻고, 아이디어를 창출하고, 지혜롭게 삶을 살아갈 수 있게 되는 것이다.

하지만 우리가 전달하는 언어적 메시지 속에는 내용, 의미, 기분, 성격, 숨은 의도, 숨은 정서 등이 포함되어 있기에 상대방의 메시지를 제대로 이해하기란 쉬운 일이 아니다. 그런데 건성으로 듣거나, 자기가 듣고 싶은 것만 골라 듣거나, 제대로 안 듣는다면, 어떠한 일들이 벌어지겠는가? 다음 제시된 경청의 수준을 살펴보며 본인은 어떻게 경청해 왔는지 생각해보자.

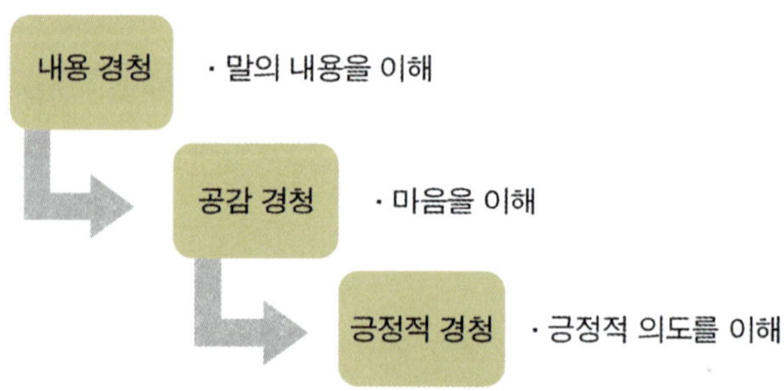

그림 4-2 경청의 수준

1) 내용 경청

내용 경청이란 상대방의 말의 내용을 이해하는 정도의 경청을 의미한다. 내용을 경청할 때 우리가 주의해야 할 것은 사실과 지각을 구분하는 것이다. 사실이란 외부 현실에서 일어난 그대로를 말하며, 지각이란 그것을 토대로 각자가 받아들이는 것을 말한다. 차이가 분명함에도 불구하고 우리는 흔히 사실과 지각을 정확하게 구분하여 표현하지 않고 섞어서 표현한다. 그러므로 듣는 사람은 상대방의 말이 사실인지 지각인지 구분해서 들어야 한다. 상대방의 말 속의 사실과 지각을 구분해서 상대에게 되돌려 말해주는 것을 내용 경청이라고 한다. 이때 사실과 지각을 구분하기 위해 "당신이 생각하기에 ~", "당신이 느끼기로는 ~", "당신이 보기에 ~", "당신이 듣기로는 ~" 등 이런 말들로 서두를 시작하는 것이 좋다.

✎ 다음 사례를 가지고 사실과 지각을 구분해서 요약 정리해서 말해보자.

사례1. "과장님이 어제 회의에서 내가 한 업무 성과들을 다른 임원들에게 알려 주었어 그런데 내가 얼마나 많은 노력 끝에 다른 업무들을 마쳤는지 언급하지 않고, 시간이 너무 부족해서 업무 하나를 미처 완료하지 못했다고 말한 거야. 다른 나를 얼마나 부족하다고 보았겠어? 과연 내가 이 조직에 속한 걸까?"

사실: 어제 회의에서 ~

지각: 당신이 생각하기에 ~

사례 2. "미안하다고 말은 하지만 진심으로 사과하는 게 아니었어. 내가 화가 난 이유로 모르겠고, 알고 싶지도 않다는 듯이 고개를 가로 저었다고. 그러더니 불쑥 사과를 하는 하는 거야. 난 더욱 화가 났어. 너무 화가 나서 더 이상 어떤 말도 하고 싶지가 않았어. 그래서 침묵을 지키다가 그만 헤어지자고 했지. 걘 당황스러워하더니 도대체 매번 자기가 뭘 그렇게 잘못했냐고 화를 내는 거야. 더 이상 같이 있을 수가 없어서 그냥 나와버렸어."

사실:

지각:

2) 공감 경청

공감 경청이란 상대방의 말 속에 담긴 감정을 느끼고 대신 표현해 줄 수 있는 정도의 경청을 의미한다. 인간이 한 순간에 느끼는 감정은 매우 다양하다. 때론 화, 미움과 사랑을 동시에 느끼기도 한다. 이를 '양가감정'이라고 한다. 이럴 때 사람은 주로 부정적인 감정을 먼저 인식하기 때문에 그 안에 기대나 사랑을 인식하기가 어렵다.

또한 한 순간에 느끼는 감정을 구분해보면 첫째, 내가 나에게 느끼는 감정, 둘째 내가 너에게 느끼는 감정으로 구분할 수 있다. 그리고 공감력이 있다면, 내 감정을 느끼는 동시에 상대의 감정도 느낄 수 있다. 상대의 감정을 구분해 보면 나와 마찬가지로 상대가 나에게 느끼는 감정과 상대가 상대에게 느끼는 감정으로 나누어 볼 수 있다. 이렇게 의사소통을 하면서 한 순간에 많은 감정을 우리는 느끼고 표현할 수 있다. 감정은 바람과 같아서 그때 그때 생겨났다가 사라져버리기 마련이나, 마음에 상처가 되면 감정이 각인이된다. 그런 감정들을 공감경청을 통해 풀어 줄 수 있다. 공감은 소외감을 해소시켜 준다. 공감을 받은 사람은 자기 모습 그대로가 가치 있게 수용된다고 느끼게 해준다. 공감을 잘하는 사람은 말로 표현되지 않은 정서의 미묘한 차이나 크기까지 정확하게 느끼고 말로 표현해 줄 수 있다. 공감은 타고난 것이 아니라 공감적인 사람들로부터 배울 수 있다.

공감을 할 때 주의해야 할 것은 같은 상황에서도 사람마다 느끼는 정서나 그 정도 다 다르다는 것이다. 공감을 잘하는 사람들은 상대방의 입장에서 경청을 할 수 있고, 평소 자신의 감정을 잘 알아차리고 잘 표현할 수 있다는 특징이 있다.

✎ **표정으로 상대방의 감정을 알아맞춰보자.**

1. 1단계: 한 사람이 어떤 상황을 떠올리고 정서를 느끼고 표정으로 표현하면 다른 사람들은 그 표정을 보고 알아맞춘다.
2. 2단계: 분노, 슬픔, 답답함, 즐거움, 등 하나의 정서를 단계별로 팀끼리 표현해 보자. 다른 팀이 그 단계를 맞추어 보는 활동을 할 수도 있다.
3. 영화나 드라마 등 짧은 동영상을 보고 주인공의 감정을 최대한 많이 찾아보자. 이 장의 맨 뒷부분에 제시된 감정단어를 활용해서 더 많은 감정을 찾아볼 수 있다.
4. 한 사람이 자신의 이야기를 하면, 팀원들이 그때 느꼈을 다양한 감정을 찾아 공감해주는 활동을 해보자.

감정단어						
	기쁨		슬픔	분노	고통	공포
1	감격하다	안심이다	먹먹하다	괘씸하다	간절하다	겁먹다
2	감동적이다	여유롭다	목이 메다	괴롭다	고민하다	끔찍하다
3	감사하다	우쭐하다	미어지다	귀찮은	끔찍하다	당황스럽다
4	고맙다	자랑스럽다	불쌍하다	기가 막힌	기분나쁘다	떨리다
5	기대되다	짜릿하다	불행하다	답답하다	괴롭다	무섭다
6	기쁘다	찡하다	비참하다	당황스러운	꼬이다	불안하다
7	다정하다	좋아하다	서글프다	못마땅한	담담하다	살벌하다
8	두근거리다	즐겁다	서럽다	미워하다	두렵다	섬뜩하다
9	들뜨다	통쾌하다	실망스럽다	미칠 것 같은	부담스럽다	소름끼치다
10	만족스럽다	편안하다	슬프다	분통터지다	불만스럽다	조바심이 나다
11	멋지다	풍요롭다	쓸쓸하다	분하다	뼈저리다	주눅이 들다
12	명랑하다	평온하다	안타깝다	불쾌하다	비참하다	초조하다
13	뭉클하다	포근하다	안쓰럽다	불편한	속상하다	부끄러움
14	반갑다	평화롭다	야속하다	신경질나다	숨막히다	계면쩍은
15	보고싶다	활기차다	억울하다	서운하다	아프다	멋적은
16	뿌듯하다	황홀하다	우울하다	성질나는	야속하다	미안한
17	살갑다	행복하다	울적하다	심술나다	억울하다	민망한
18	산뜻하다	후련하다	울고싶다	속상하다	안타깝다	부끄러운
19	사랑하다	훈훈하다	애처롭다	약오르다	지치다	수줍은
20	상쾌하다	흐뭇하다	외롭다	얄밉다	충격적이다	쑥스러운
21	설레다	흡족하다	절망하다	어이없는	피곤하다	어색한
22	신나다	흥겹다	한스럽다	언짢다	후회스럽다	영문모름
23	시원하다	흥분하다	허무하다	절망적이다	힘들다	쪽팔리는
24	아늑하다	희망적이다	허탈하다	흥분하다	한탄하다	창피한

3) 긍정적 의도 경청

모든 사람의 말 속에는 반드시 의도가 있다. 크게 화를 내며 잔소리를 하던 엄마가 어느 정도 화가 누그러지면 이렇게 말하는 것을 들어 본 경험이 있을 것이다. "다 너 잘 되라고 그러는 거야." 엄마의 잔소리 속에는 자식에 대한 사랑이 들어 있는 것이다.

이처럼 부정적인 말 속에도 긍정적 의도가 있다. 그러므로 말하는 사람이 부정적인 표현을 하더라도, 들으면서 '그 이야기를 왜 나에게 하는가?', '그 사람이 바라는 것은 무엇인가?' 의문을 갖고 상대 입장에서 생각해 보면 의도를 짐작할 수 있다. 그것을 알아차리고 이해하며 표현해 줄 수 있는 것을 의도 경청이라고 한다.

✎ 다음 화자의 말 속에 숨어있는 긍정적 의도를 찾아보자.

엄마: 도대체 넌 정신이 있는 거니 없는 거니. 매일 그렇게 게임만 하고 사니. 학교 공부는 언제하니 차라니 나가서 놀기라도 해라. 사람이 활동을 해야지 매일 의자에만 엉덩이를 붙이고 있으니...

긍정적 의도:

과장: 인사이동이 얼마 남지 않았다는 거 알죠? 지금까지 큰 문제는 없었지만 그렇다고 딱히 큰 성과를 낸 것도 없잖아요. 이 대리가 좋은 사람이라는 것은 알지만, 회사에서는 그게 중요한 게 아니란 말이죠. 이번 프로젝트를 통해 어떤 성과를 낼지 이 대리를 다들 주시하고 있어요.

긍정적 의도:

✎ 나의 경청 수준은 어느 정도인가? 경청 수준이 깊어진다면 어떤 변화가 있을까?

TIP 주의해야 할 나라별로 다른 제스처의 의미

- 고개를 끄덕끄덕하는 행동, 한국에서는 Yes, 터키에서는 No의 의미
- 엄지를 치켜세우는 행동, 한국에서는 '최고', 중동, 호주, 아프리카에서는 '음란한 행위' 오스트레일리아에서는 '무례하다' 또는 '거절'의 의미
- 윙크, 한국에서는 관심의 표현, 인도에서는 상대방을 모욕하는 의미
- 아이 머리 쓰다듬기, 한국에서는 '귀엽다', 인도네시아에서는 매우 불쾌하게 여김
- 중동, 북부 아프리카, 미얀마, 말레이시아에서는 반드시 오른손으로 악수를 청해야 한다.
- 사진 찍을 때 하는 V, 손바닥이 아닌 손등과 손톱이 보이는 V는 영국, 아일랜드, 뉴질랜드에서는 "꺼져라!"의 의미
- 말을 할 때 주머니에 손 넣기, 영국이나 독일에서는 불쾌하게 여김

3 학습정리

배 · 느 · 실로 배운 내용을 정리해 보자.

배운 점은 배운 내용을 요약하고, 느낀 점은 오늘 수업을 하면서 느낀 기분과 자신에 대한 생각을 적고, 실행할 점에는 배운 내용을 내 생활 속에 어떻게 실천할지 계획을 세워 보자.

배운 점	
느낀 점	
실행할 점	

Ice-Break: 뇌구조 그리기

1. 지난 일주일 동안 어떤 생각들을 하면서 지냈는지 떠올려 본다.
2. 어떤 생각들로 나의 두뇌를 채웠는지 단어들을 채워 본다.
3. 완성된 뇌구조 이미지를 가지고 팀원들과 이야기한다.

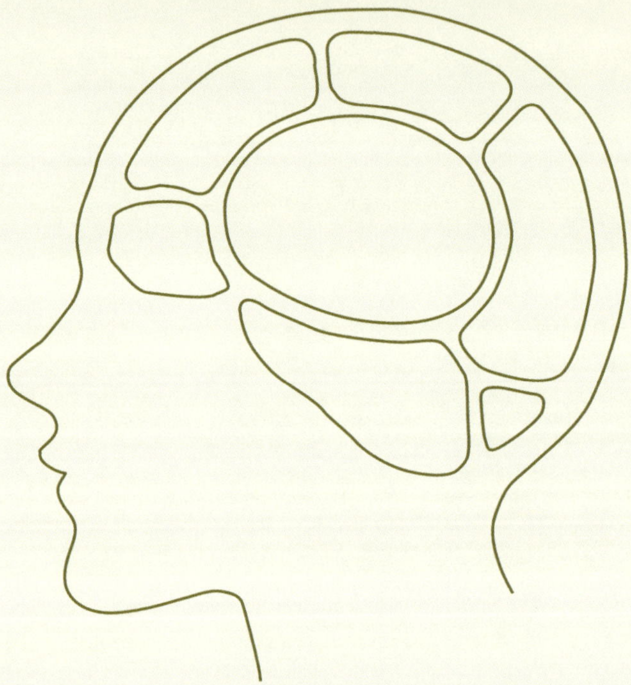

생각정리

■ 나의 생각을 먼저 정리해 보고 토의를 통해 개념을 정의해 보자.

	경청의 장애가 되는 말이나 태도에는 무엇이 있을까?
나의 생각	
팀원의 생각	

	효과적인 경청의 방법들은 무엇이 있을까?
나의 생각	
팀원의 생각	

체크리스트

■ 경청능력은 원만한 대인관계와 성공적인 업무수행을 위하여 필요한 의사소통능력의 하위 능력 중 가장 기본적이고 중요한 능력이다. 자신이 경청 정도가 어느 정도인지 점검해 보고, 팀원들과 공유해 보자.

문 항	그렇지 않은 편이다.	보통인 편이다.	그런 편이다.
1. 나는 상대방의 말을 끊지 않고 자신의 생각을 충분히 표현한다.	1	2	3
2. 나는 상대방의 좋은 감정이든 나쁜 감정이든 무엇이든 솔직한 표현을 듣고 싶다.	1	2	3
3. 나는 상대방이 말한 내용을 잘 기억한다.	1	2	3
4. 나는 상대방의 말의 내용과 그 이면의 감정을 이해하고 공감한다.	1	2	3
5. 나는 상대방이 말한 내용 중 중요한 부분을 메모한다.	1	2	3
6. 나는 상대방의 말이 지루하더라도 딴 생각을 하지 않고 집중한다.	1	2	3
7. 나는 주위가 산만해도 상대방의 이야기에만 집중할 수 있다.	1	2	3
8. 나는 상대방의 말을 할 때 호응을 잘한다.	1	2	3
9. 나는 상대방의 말이 길 때, 들은 내용을 요약하여 다시 이야기해주며 확인한다.	1	2	3
10. 나는 나와 다른 생각을 가진 사람의 의견도 소중하게 듣는다.	1	2	3
11. 나는 같은 생각을 가진 사람의 의견에 적극적으로 동의를 표현한다.	1	2	3
12. 나는 상대방에게 적절한 질문을 하면서 깊은 이야기를 할 수 있게 한다.	1	2	3
13. 나는 상대방이 공격적으로 나에게 이야기할 때에 잘 듣고 무엇을 오해하고 있는가를 찾아서 그 오해를 풀 수 있도록 잘 이야기한다.	1	2	3

30 점 이상: 경청능력이 매우 훌륭하다.

20~29점: 좋은 경청자이다. 조금만 더 노력이 필요하다.

13~19점: 의사소통이 원활하지 않아 여러 문제가 발생할 수 있다. 경청능력 향상을 위해 적극적인 학습이 필요하다.

제 05 장 경청능력 개발

1 경청의 장애요인

우리말의 특성, 말하는 사람과 듣는 사람 사이의 여러 의사소통 장애요인 외에도 우리가 가지고 있는 나쁜 경청 습관들이 소통의 장애가 되는 경우가 많다. 경청능력이 좋아지려면, 자신의 나쁜 경청 습관이 무엇인지 알고, 나쁜 습관들을 올바른 경청방법으로 바꾸려는 노력이 필요하다.

경청을 방해하는 열 가지 습관을 살펴보고 자신이 해당되는 것은 없는지 생각해 보자.

첫째, 상대방의 생각과 감정을 짐작하기

흔히 상대방의 말을 있는 그대로 받아들이기보다 자신의 생각에 들어맞는 단서들을 골라 자신의 생각을 확인하는 태도를 의미한다. 상대방의 생각과 감정을 짐작하고 넘겨짚으려 하는 사람들은 상대방의 목소리 톤이나 얼굴 표정, 자세 등을 지나치게 중요하게 생각한다. 타인에 대한 신뢰감이 없는 사람, 또는 친근감이나 신뢰감이 아직 형성되지 않았을 때 우리는 타인과 소통하기보다 짐작하며 듣기를 선택하게 된다.

둘째, 자신이 할 말을 준비하기

자신이 할 말을 생각하기에 바빠서 상대방의 말을 귀담아 듣지 않는 것을 말한다. 어떤 의도와 목적을 가지고 상대방을 설득하려고 할 때, 또는 토의나 토론할 때 흔히 볼 수 있는 습관이다. 상대방의 말을 이해하려고 하기보다는 상대방의 말이 끝나기를 기다리며 자신이 할 말을 생각하고 있는 사람은 상대방을 설득하기 어렵다. 뿐만 아니라, 자신의 생각에 빠져서 상대방을 소외시키고, 상대방이 거리감을 느끼게 만들 수 있다.

셋째, 내 마음대로 걸러 듣기

상대방의 말을 들으면서 무의식적이든 의식적이든 듣고 싶지 않은 말들을 듣지 않으려는 습관을 말한다. 상대방이 부정적인 감정들을 표현할 때 그러한 감정을 받아들이고 싶지 않은 사람은 별일 아니라고 생각하고, 상대방의 말을 막아 버린다. 즉 듣고 싶은 말만 들으려는 이기적인 마음을 가진 사람들이 이런 습관을 가지고 있다. 당장은 회피할 수 있겠지만, 이런 대화가 반복되면 어떻게 되겠는가?

넷째, 선입견을 가지고 듣기

상대방에 대해 미리 판단하고 상대방의 말을 듣는 것을 말한다. 즉, 상대방에 대한 부정적인 선입견을 가지고 있는 사람은 상대방의 말을 곧이곧대로 듣지 않고, 자신의 선입견을 뒷받침할 증거를 찾기 위해서만 상대방 말에 귀를 기울인다. 흔히 이런 사람에게 "트집 잡는다." 또는 "꼬투리 잡는다."라고 표현하는데, 이럴 때 대화는 오히려 갈등의 원인이 된다.

다섯째, 다른 생각하기

상대방의 말에 집중하지 못하고, 자꾸 다른 생각을 하며 듣는 것을 말한다. 상대방과의 대화에 집중하는 것이 어렵다면 만족스럽지 않은 현실을 회피하고 있다는 신호이다. 자신의 부정적인 감정을 드러내고 싶어 하지 않는 사람이 이런 행동을 보인다. 그러나 직접적인 부정감정의 표현만이 상대방에게 불쾌감을 주는 것은 아니다. 이런 수동적인 태도도 상대방에게 부정적인 감정을 느끼게 한다. 그 이유는 말보다 그 사람이 느끼는 감정과 비언어적인 표현들을 더욱 잘 감지하기 때문이다. 오히려 말로 표현하는 것보다 상대방을 더욱 답답하게 하고, 힘들게 할 수 있다.

여섯째, 지나친 조언하기

상대방의 이야기를 듣고 공감하기보다, 문제점을 찾고 해결책을 제시하는 것을 말한다. 어떤 사람들은 지나치게 타인의 문제를 해결하려는 욕구를 가지고 있다. 상대방의 이야기에 조언하고 싶어 말끝마다 끼어들면, 상대방은 말을 편하게 이어갈 수가 없다. 대개 마음을 털어놓을 때 해결책보다는 공감 받고 싶은 욕구가 크다. 그런데 그 욕구가 해소되기도 전에 조언을 듣게 되면 아무리 옳고 좋은 조언이라도 온전히 받아들이기가 힘들다. 또한 충고와 조언이 반복되면 상대방은 자신이 문제가 있는 사람처럼 인식되는 것 같아 불편해지고 마음의 문을 다시 열기가 힘들어진다. 이야기를 들어주는 것만으로도 충분하고, 때로는 말하는 사람 스스로 해결책을 찾아낼 수도 있다는 것을 명심하자.

일곱째, 언쟁하기

타인에 의견에 반대하기 위해 상대방의 말에 귀 기울이는 것을 말한다. 즉, 상대방이 무슨 말을 하든지 자신의 입장이 확고하여 상대방의 의견에 대한 수용이나 타협이 없는 경우이다. 언쟁을 좋아하는 사람은 상대방의 말을 무시하고 무조건 상대방의 생각과 다른 자신의 생각을 자신의 논리대로 장황하게 이야기한다. 이런 태도는 대인관계에 심각한 문제를 초래할 수 있다.

여덟째, 방어하기

상대방이 자신의 말에 다른 의견을 내는 것을 막아버리는 것을 말한다. 이런 사람은 자신이 늘 옳다고 생각하고, 자존심이 세다. 특히 자신의 부족한 점에 대해서는 절대 인정하지 않고, 자신이 잘못했다는 말을 하지 않기 위해 또는 듣지 않기 위해, 거짓말하고, 고함을 지르고, 주제를 바꾸고, 변명을 한다. 즉, 자신의 자존심을 지키기 위해 타인의 자존심을 상하게 하는 사람이다.

아홉째 화제 바꾸기

대화의 주제가 불편하게 느껴지면 주제를 바꾸거나 농담으로 슬쩍 넘기며 자신을 방어하는 습관을 말한다. 불편한 대화의 주제를 유머로 넘기는 재치 있는 의사소통 기술을 가진 사람으로 보일 수 있다. 그러나 문제를 회피하거나, 해결해야 할 상대방의 부정적인 감정을 회피하려는 의도가 있다. 그러나 당장 불편한 감정을 회피하기 위해 상대방의 진정한 고민을 놓치게 된다.

열째, 비위 맞추기

상대방을 위로하기 위해서 혹은 비위를 맞추기 위해서 너무 빨리 동의하거나, 무조건 지지하는 것을 말한다. 의도는 좋더라도 상대방이 걱정이나 불안을 이야기하자마자 "그래요. 당신 말이 맞아요." 또는 "미안해. 내가 잘못했어."라고 말해 버리면, 상대방은 충분히 자신의 생각이나 감정을 표현할 기회를 갖지 못하게 된다.

✎ 앞의 열 가지 습관 중 자주 하는 습관은 무엇인가? 적어 보고 이야기해 보자.

✎ 팀별로 경청을 방해하는 열 가지 나쁜 습관에 대한 짧은 시나리오를 쓰고, 그 것을 동영상으로 촬영해 보자.

2 효과적인 경청방법

1) 경청의 자세 취하기

대화를 시작할 때 경청의 자세를 취함으로써 상대방과 진솔한 대화를 나눌 수 있다. 올바른 경청의 자세는 첫째, 몸을 오픈하는 것이다. 우리는 흔히 팔짱을 끼거나 다리를 꼬는 자세를 취할 때가 많은데, 그런 자세는 방어적인 자세로 상대방을 긴장시킬 수 있다. 그러므로 오픈되어 있고 편안한 자세를 취하는 것이 좋다. 상대방이 이야기를 할 때 눈을 마주치고 몸을 기울이면 상대방의 이야기에 관심이 있고, 잘 듣고 있다는 신호가 된다. 상대방과 몸 동작을 4~5초 간격을 두고 따라하는 '미러링' 기법을 활용하면, 상대방에게 빠른 시간내에 친근감을 느끼게 할 수 있다.

2) 경청하고 있다는 것을 알려 주기

경청을 한다고 말하는 사람의 이야기를 듣고만 있다면, 말하는 사람은 이 사람이 내 얘기를 잘 이해하고 있는지 확인할 수 없기 때문에 불안해진다. 그래서 종종 했던 말을 반복하기도 한다. 그러므로 말을 하고 있는 사람에게 자신이 경청하고 있다는 것을 알려줄 필요가 있다.

경청을 하고 있다는 것을 확인시켜 주는 방법은 상대방의 말을 반복하는 것이다. 모든 말을 다 따라 하면 안 된다. 상대방의 말의 흐름을 끊지 않는 선에서 상대방의 말의 핵심이 되는 단어들을 추임새를 넣어 주듯이 4~5초 간격을 두고 비슷하게 따라 해 주면 상대방이 내 이야기를 잘 이해하고 있다고 안심하며 말할 수 있다. 이를 '백트레킹' 기법이라고 한다. 특히 상대방이 쓰는 단어를 그대로 써 주면 효과적이다. 가능하다면 화자의 표정, 호흡, 목소리 톤등을 맞추어 주면 더욱 좋다.

✎ 세 사람씩 모둠을 지어 두 사람은 대화를 하고 한 사람은 관찰자 역할을 한다. 대화를 하는 두 사람 중 한 사람은 경청을 하고 한 사람은 자기의 이야기를 한다. 서로 돌아가며 아래 제시한 방법대로 활동한다.

1. 전혀 경청하지 않고 딴청을 하면서 시선을 마주치지 않고, 엉뚱한 질문을 하는 등 상대방의 말을 무시해 본다.

2. 위에서 제시한 미러링, 백트레킹 기법, 재진술 기법을 활용하여 경청을 하면서 들어 본다.

3. 어떤 생각과 느낌이 들었는지 서로 공유하고 정리해 보자.

3) 상대방 입장에서 경청하기

경청은 상대방의 감정, 사고, 행동을 평가하거나 비판, 또는 판단하지 않고 상대방의 이야기를 있는 그대로 받아들이는 태도이다. 즉 경청을 잘하려면 먼저 상대방을 한 개인으로서 존중하는 마음이 필요하다. 말하는 사람은 듣는 사람이 자신의 이야기를 잘 이해하고 자신의 마음을 이해해 준다고 느낄 때 친밀감과 신뢰감을 갖게 되고, 자신의 속마음을 더 열게 된다.

반대로 듣는 사람이 자신의 입장에서 자신의 생각이나 느낌, 가치관, 도덕관 등의 선입견이나 편견이 옳다는 생각을 가지고 상대방의 이야기를 들으면, 평가, 판단이 앞서기 때문에 상대방의 입장에 공감하기 힘들고 상대방도 이해 받고 있다는 느낌을 받지 못하기 때문에 소통이 어려워진다. 소통이 단절되면 문제를 파악하기가 힘들어지고, 관계가 나빠지거나, 업무의 효율성이 떨어진다.

결론적으로 경청은 상대방을 위해서 하는 것이지만, 또한 나를 위해서 그리고 효율적인 업무를 위해서 하는 것이다. 그러니 나의 입장과 생각이 다를지라도 잠시 보류하고 상대방이 말하는 동안에는 그 사람의 입장에 서서 들어보자.

✎ **사례를 가지고 역할극을 해 보고 각자 입장에서 느낀 점을 이야기해 보자.**

대리: 부장님. 내일까지 보고서를 마무리하라고 하셨는데, 현재 상황에서는 저 혼자 내일까지 보고서를 마치는 것은 너무 무리한 일이라고 생각합니다.

부장(나의 입장): 자네는 해 보지도 않고 안 된다고 하는구먼. 그렇게 부정적인 태도부터 고쳐야겠어.(비판)
충분히 할 수 있다고 생각해서 자네를 시킨 걸세.(판단)
지금은 무리한 일이라고 생각되더라도, 시작해서 하다 보면 생각이 달라질 수도 있지 않은가? 일단 해 보게!(강요)

부장(상대 입장): 내일까지 보고서를 마치는 것은 너무 무리라는 말이지. 많이 부담스러웠겠네. 자네가 충분히 혼자 할 수 있을 거라고 생각했는데, 내 판단이 잘못되었나 보군. 그래, 내가 무엇을 도와주었으면 좋겠는가?(반복, 공감, 질문⇒ 소통이 이루어짐)

✎ 최근 있었던 자신의 갈등 사례를 가지고 위의 사례처럼 시나리오를 작성해 보자.

4) 의도를 파악하기

말하는 사람의 목적은 정보를 얻고 싶을 때, 공감을 바랄 때, 행동을 요구할 때, 나의 이야기에 동참을 바랄 때이다. 그런데, 간혹 말하는 사람의 표현과 말의 의도가 다를 때가 있다. 이럴 때 상대방의 말만 듣고, 말을 하거나 행동을 하면 "말귀가 어둡다"는 소리를 들을 수 있다. 예를 들어, "지금 몇 시지?"란 표현은 일반적으로 시간이 궁금해서 묻는 표현이지만, 약속 시간에 늦게 나타난 상황에서 말하는 사람의 의도는 정보가 아니라 공감을 바라는 것이다. 이때 의도를 파악하지 못하고 시간을 알려주면 어떻게 되겠는가? 그러므로 상대방의 말의 의도를 잘 파악해서 적절한 반응을 해주어야 한다.

5) 적절한 질문을 하며 듣기

모호한 표현이나, 모르는 내용, 부족한 상황설명 등을 그냥 넘어가지 말고 적절한 질문을 통해 확실히 이해하면서 듣는 것이 좋다. 그렇다고 너무 질문을 자주 하면 말하는 사람의 이야기 흐름을 방해할 수 있다. 원활한 의사소통을 위한 효과적인 질문방법은 다음 장에 더욱 상세히 제시하였다.

6) 메모하며 듣기

중요한 정보가 담겨 있는 경우 또는 이야기의 내용이 매우 긴 경우에는 메모를 하면서 듣는 것이 효과적이다. 특히 사실정보의 왜곡된 기억은 나중에 문제를 불러일으킬 수 있다. 중요한 정보를 메모할 수 없을 경우에는 말하는 사람에게 양해를 구하고 녹음을 하는 것도 필요하다. 특히 업무적인 지시나 피드백은 반드시 기록으로 남겨 두는 것이 좋다.

✎ 3인 경청

1. 발표자, 경청자, 관찰자를 정하고, 토론의 주제를 선정하여 먼저 발표자가 3분 정도 발표를 한다.
2. 이야기의 주제는 요즘 논란이 많은 사회적 이슈들로 자유롭게 정한다. 한가지 주제를 정해서 찬성, 반대로 나누어 토론한다.
3. 경청자는 발표자의 말의 내용 누락 없이 1분 정도로 요약한다.
4. 관찰자는 시간을 재어 주거나, 요약이 잘못되었거나, 부정확한 부분을 시정해 준다.
5. 관찰자가 경청자의 태도를 관찰하여 피드백하고 서로 이야기를 나눈다.
6. 피드백을 받고 든 생각을 정리해 보자.

TIP 강의를 효과적으로 경청하고 효과적으로 학습하는 방법

1. 준비한다.
   - 강의 주제나 강의에 등장하는 용어에 친숙해지도록 미리 수업계획서를 읽어 두어야 한다.
2. 주의를 집중한다.
   - 말하는 사람의 속도와 말을 이해하는 속도 사이에 발생하는 간격을 메우기 위해 집중해서 적극적으로 들어야 한다.
3. 예측한다.
   - 시간 간격이 있을 때, 다음 내용을 예측하며 들으면 주의 집중에 도움이 된다.
4. 나와 관련짓는다.
   - 자신의 삶, 목적, 경험 등과 관련시켜 본다.
5. 질문한다.
   - 질문에 대한 답이 즉각적으로 이루어질 수 없다 하더라도 질문을 하려고 하는 것만으로도 집중력이 높아진다.
6. 요약한다.
   - 중간 중간에 내용을 요약하여 내가 잘 이해하고 있는지 확인한다.
7. 적극적으로 반응한다.
   - 적극적이고 정직한 리액션(눈맞춤, 끄덕임, 갸우뚱, 호응의 음성언어 등)으로 강의자와 상호작용하며, 강의의 흐름을 원활하게 하고, 소통을 가능하게 한다.

3 학습정리

성찰하기

- 학습내용을 적용하여, 수업시간 또는 평소 자신의 경청의 태도를 돌이켜보고 제거, 증가, 감소, 시도해야 할 행동들을 적어 보자.

제거(eliminate)	증가(raise)
감소(reduce)	시도(create)

Ice-Break: 질문의 힘

1. 두 사람이 마주 보고 게임을 시작한다. 서로 질문을 주고받는다. 질문만 해야 하고 답을 해서는 안 된다. 머뭇거리거나 답을 하게 되면 게임에서 지게 된다. 두 번 정도 진행 후 어떤 일들이 일어났는지 이야기해 보고 정리해 보자.

2. 팀원 중 한 사람이 자신의 고민을 이야기하고, 다른 팀원들은 떠오르는 질문을 적어본다. 그리고 팀원들은 돌아가며 질문을 한다. 고민을 이야기한 사람은 답을 하거나 거부할 수 있다. '최고의 질문'을 뽑아 본다.

생각정리

▪ 나의 생각을 먼저 정리해 보고 토의를 통해 개념을 정의해 보자.

	소통에서 질문이 중요한 이유는 무엇일까?
나의 생각	
팀원의 생각	

	내가 알고 있는 질문의 종류는 무엇인가?
나의 생각	
팀원의 생각	

제 06 장 질문능력 개발

1 질문의 개념과 중요성

시대적인 변화에 따라 질문의 의미와 기능은 변화되어 왔다. 질문(質問)의 사전적 의미는 '알고자 하는 바를 얻기 위한 물음'이다. 정보가 돈이 되는 사회에서 정보를 얻을 수 있는 효과적인 방법은 '질문'이다. 그러나 질문은 단순히 정보를 얻는 행위만을 의미하는 것은 아니다. 때로는 나의 의도를 상대에게 가장 빠르고 강력하게 전달하는 의사소통 방법이자, 실행력을 높이는 리더십의 방법이기도 하다. 즉, 질문은 경청을 위한 필수적인 요소로 설명이나 설득을 위한 가장 효과적인 의사표현의 기술이다.

과거 산업사회의 기업에서는 사람들을 움직이기 위하여 지시하거나 명령을 해 왔다. 그러나 현재 빠르게 변화하고 있는 4차 산업혁명 사회에서 기업은 한 치 앞을 내다볼 수 없게 되었다. 어제의 답이 오늘의 답이 아닐 수 있고, 하나의 답이 아니라 여러 가지의 다양한 답이 존재한다. 이제는 상사가 문제에 대한 해답을 제시해 줄 수 없다. 개인이 스스로 문제도 해답도 찾아가야만 한다. 결국 이 시대의 기업경쟁력은 인재의 양과 질이다. 이렇듯 시대의 흐름에 따라 직장에서 소통방식도 명령에서 질문으로 바뀌어 갔다.

기업에서뿐만 아니라 학교에서도 질문의 교육적 효과는 크다. 소크라테스는 '자신이 아무것도 모른다'는 것을 깨닫고 질문을 통해 사람들이 스스로 깨닫게 하였다. 그것이

'산파술'이다. 한 치 앞도 내다 볼 수 없이 급변하는 현 시대 교사도 이제 어떤 확실한 답을 가지고 있다고 볼 수 없다. 질문을 통해 학생들 스스로 생각하고 문제를 찾고 답을 찾아야 한다.

2 질문의 효과와 종류

1) 질문의 효과

경청이 친밀감과 신뢰감을 쌓기 위하여 상대방이 하고 싶은 이야기를 성실하게 듣는 기본적인 의사소통 방법이라면, 질문은 상대방이 하고자 했던 이야기에서 더 깊은 사고를 유도하여 표현하게 하는 효과적인 경청방법이며, 자신이 하고 싶은 말을 상대방이 하게 하여 스스로 설득하게 하는 강력한 의사표현 방법이다.

질문은 답을 얻기 위해, 생각을 자극하기 위해, 마음을 열기 위해, 설득하기 위해, 대화의 흐름을 통제하기 위해, 대화에 집중시키는 데 필요한 것으로 이를 구체적으로 살펴보면 다음과 같다.

(1) 답을 얻기 위해서

질문을 하지도 않았는데 자진해서 정보를 제공하는 경우는 거의 없다. 대부분 질문을 통해 우리는 지식과 정보를 얻게 된다. 그러나 질문에 따라서 얻고자 하는 답을 얻을 수도 있고, 얻지 못할 수도 있기 때문에 다음의 사항을 고려하여 질문할 필요가 있다.

① 누구에게 무엇을 질문할 것인가?

② 언제 어떤 상황에서 질문할 것인가?

③ 어떤 형식으로 질문할 것인가?

④ 질문을 어떻게 받아들일까?

(2) 생각을 자극하기 위해서

질문을 받으면 대부분 사람들은 대답하고 싶은 마음이 일어난다. 자신이 잘 알고 있는 것이든 모르거나 생각해 본 적이 없는 것에 대해서도 어떻게든 답을 찾아내려고 한다. 이것이 '질문의 힘'이다. 즉, 질문은 생각을 자극한다. 그러나 질문에 따라서 생각이 달라질 수 있다. 긍정적인 질문은 질문을 받는 사람으로 하여금 긍정적인 생각을 일으키고, 부정적인 질문은 공격적인 느낌을 받게 되어 자신을 방어하기 위해 변명을 하거나 모면하기 위한 생각을 하게 한다.

예를 들어 "지난주에 왜 결석했니?"라는 질문은 변명을 하게 하고, "앞으로 제시간에 맞추어 오려면 어떻게 해야 하니?"라는 질문은 방법을 찾게 한다.

(3) 마음을 열기 위해서

사람들은 일반적으로 자신과 관련된 내용이나 사항에 관해서 이야기하기를 즐겨 한다. 질문은 이런 사람들의 마음을 쉽게 열게 하는 힘이 있다. 질문에도 단계가 있다. 처음 질문은 가볍고 쉬운, 누구나 대답할 수 있는 질문이 좋다. 그래야 쉽게 마음을 열고 대답할 수 있다. 시간이 지날수록 질문은 조금씩 어렵게 그리고 핵심적인 질문으로 들어가야 한다. 중요한 것은 마음의 문을 열게 하는 것이다. 그러면 아주 핵심적인 생각의 영역을 넘어서 감추어 두었던 감정의 영역까지 쉽게 개방할 수 있다.

(4) 설득하기 위하여

충고나 제안을 하거나 지시나 명령을 하는 것은 질문하는 것보다 수월하다. 그러나 받은 사람은 그 중요성이나 필요성을 못 느끼거나 때로는 강요받는다는 생각에 반감이 생기고, 결국 행동으로 옮길 가능성이 적어진다. 혹 실행하더라도 일시적인 행동에 그치는 경우가 대부분이다. 그러나 질문을 하면 답을 하는 과정에서 스스로 설득이 된다. 질문에 답을 하면서 자발적인 결정을 하게 되어 충고를 받아들였을 때보다 효과가 크다. 이때 스스로 답을 찾았다는 성취감은 강한 동기가 되어 행동이 장기간 지속될 수 있다. 그리고 독립심과 자존감도 높아지게 된다.

(5) 대화의 흐름을 통제하기 위하여

대화를 하다 보면 너무 여러 가지 이야기를 한꺼번에 하거나, 두서없이 이야기를 늘어놓는 경우가 있다. 그럴 때 질문을 통해 대화의 분위기나, 흐름, 주제를 필요한 방향으로 유도하거나 통제할 수 있다.

(6) 대화에 집중시키기 위하여

질문을 받으면 상대방은 관심을 받고 있다고 해석하고 질문을 한 사람의 말에 집중하게 되고, 질문을 한 사람도 질문을 받은 사람의 대답에 궁금증이 일어나고 집중하게 된다.

✎ 다음 질문을 살펴 보고, 문제가 있다면 좋은 질문으로 바꾸어 보자.

1. 이 결정에 이의가 있나요?

2. 당신은 왜 자주 지각을 하나요?

3. 왜 이런 일이 일어났다고 생각하니?

4. 당신은 행복하다고 생각하나요?

5. 너의 결정이 최선이라고 생각하니?

6. 이 일은 누구의 책임일까요?

7. 이대로 시간이 흐른다면 어떻게 될 것 같아?

8. 예전에 이런 비슷한 일을 겪은 적이 있니?

9. 10억 복권에 당첨된다면 넌 뭘 할 거야?

10. 만약에 네가 나라면, 너에게 무슨 말을 해 줄까?

11. 너는 부모님을 사랑하지? 그렇지 않니?

12. 당신이 그 문제를 해결할 수 있을까요?

13. 마지막 이야기를 잘 이해하지 못했어요. 다시 한 번 이야기해 주시겠어요?

2) 질문의 종류

질문에도 좋은 질문과 나쁜 질문이 있다. 좋은 질문은 상대가 한 이야기로부터 나온 질문이어야 하고, 바람직한 사고를 촉진하고, 다른 시각에서 바라볼 수 있도록 생각을 확장시키고, 마음에 저항이 일어나지 않아야 하며, 상대방이 당황하지 않고 대답할 수 있는, 한 걸음씩 앞으로 나아가게 하는 질문이다. 또한, 창의적인 아이디어를 떠올리게 한다. 즉 좋은 질문은 좋은 답을 얻게 하지만, 나쁜 질문은 원하지 않는 답을 얻게 되거나 아예 답을 얻지 못한다.

이제 질문의 종류를 살펴보고 어떤 상황에서 어떻게 활용하면 좋을지 생각해 보자.

(1) 개방형 질문과 폐쇄형 질문

폐쇄형 질문은 '예' 혹은 '아니오'로 대답하는 질문이고, 개방형 질문은 자율적인 사고를 촉진하는 질문이다. 그러므로 대답하는 사람은 자유롭고 편안하게 대답할 수 있다.

폐쇄형 질문	개방형 질문
당신이 그 문제를 해결할 수 있을까요?	그 문제를 해결하려면 당신은 무엇을 해야 할까요?
이 결정에 이의가 있나요?	이 결정에 대해 어떻게 생각하시나요?

(2) 긍정적인 질문과 부정적인 질문

긍정적인 질문과 부정적인 질문은 모두 사용할 수 있지만, 특별히 원인을 탐색해야 할 때를 제외하고는 부정적인 질문은 자주 사용하지 않는 것이 좋다. 그 이유는 예시를 통해 살펴보자.

부정적 질문	긍정적 질문
왜 그런 일이 발생했다고 생각하나요?	그런 일이 다시 생기지 않게 하려면 어떻게 해야 할까요?
왜 아직 그것밖에 하지 못했지요?	어떻게 하면 그것을 빨리 마칠 수 있을까요?
⇓	⇓
좌절, 변명	희망, 생각

예시를 보면, 긍정적 질문은 상대방을 생각하게 하고 부정적 질문은 상대방을 변명하게 하는 경향이 있다. 특히 '왜'라는 단어는 원인이나 이유를 탐색하는 의미가 있지만, 불쾌한 감정 또는 반대의 뜻을 담을 때 주로 사용하게 되기 때문에 상대방은 비난받는 느낌을 받기도 한다.

(3) 일반적 질문과 구체적 질문

일반적 질문은 관심 정도 수준의 질문이며 좀 막연한 느낌을 주기도 한다. 그러나 구체적 질문은 어떤 문제를 더 깊이 있게 파고들어 생각하게 한다. 구체적 질문은 좀 더 명확한 소통에 도움을 준다.

일반적 질문	구체적 질문
당신은 행복하신가요?	당신이 행복한 이유 세 가지만 얘기해 보세요.
지금 하는 일은 좋아하세요?	당신이 하는 일에서 가장 힘든 것은 무엇인가요?

(4) 직접질문과 간접질문

간접질문은 넌지시 물어보는 것임에 반하여 직접질문은 직선적으로 물어보는 것이다. 간접질문은 물음표가 없다. 그렇지만 분명히 답을 요구하는 것이다.

직접질문	간접질문
당신은 이 상황에 대해 어떻게 생각하세요?	당신이 이 상황에 대해 어떻게 생각하시는지 궁금합니다.
회사의 방침에 대해 어떻게 생각하세요?	회사의 방침에 대해 여러 가지 생각이 드실지도 모르겠군요.

(5) 과거질문과 미래질문

과거질문은 과거의 경험 속에서 긍정적인 자원을 찾아 활용할 수 있게 돕는 질문으로써, 문제의 근원이나, 시작의 동기를 묻는 질문들이 있다. 미래질문은 결과를 생각해 보게 하거나 미래의 계획을 묻는 질문으로 더욱 강한 동기를 일으키고자 할 때 사용하거나, 지금 이야기를 좀 더 현실적으로 점검해 보고자 할 때 사용한다.

과거질문	미래질문
비슷한 일로 성공했던 경험이 있나요? 이것을 원하게 된 동기가 무엇인가요? 처음의 의도는 무엇인가요? 어떤 노력들을 해 보았나요?	3년 뒤에 어떤 모습을 하고 있을까요? 그렇게 했을 때 예상되는 결과는 어떨까요? 성공했다고 가정했을 때 모습을 그려보세요. 10년 뒤에 지금을 되돌아본다면, 지금의 나에게 뭐라고 할 것 같아요?

(6) 가설적 질문과 기적 질문

둘 다 가정하는 상황을 통해 말하는 사람에게 다른 시각에서 생각해 볼 수 있도록 하는 것은 비슷하다. 가설적 질문은 타인의 입장이나 다른 상황 속에서 자신이나 자신의 문제를 생각해 보게 하는 질문이다. 말하는 사람의 안에 숨어있는 긍정적 혹은 부정적 신념을 알아보거나 새로운 시각에서 새로운 대안들을 생각해 볼 수 있도록 도와준다. 기적질문은 말 그대로 기적 같은 일이 일어났을 때의 자신을 상상하게 해서 오히려 해결책에서 관심을 돌리고, 숨겨진 문제의 기능을 밝혀내며, 이를 통해 대답하는 사람이 문제의 핵심에 다가갈 수 있도록 돕는다.

가설적 질문	기적질문
당신이 내 입장이라면 그럴 때 어떻게 할 것 같아요?	오늘 밤에 기적이 일어나 그 문제가 다 해결된다고 상상해 보세요. 내일 무엇이 달라질까요?
만약 다른 부서로 옮긴다면 어떤 일이 생길까요?	
당신의 친한 또는 적대감이 있는 동료는 당신의 문제에 대해 어떤 생각을 할까요?	10억 복권에 당첨되었다고 생각해 보세요. 그럼 어떻게 하고 싶어요?

(7) 그 외 되도록 하지 않아야 할 질문들

① 유도 질문

묻는 사람이 이미 답을 정해 놓고 질문의 형태로 묻는 말로, 내가 원하는 방향으로 답변을 유도하고 싶을 때 많이 쓴다. 예를 들면, “영어학원에 다니는 것이 정말 도움이 된다고 생각하니?”, “그 일을 다른 동료와 나누어서 하면 더 빨리 끝낼 수 있지 않을까?” 등이 있다. 이런 질문은 매우 권위적인 방식의 질문으로 은연중에 이런 식의 질문을 많이 하거나 듣는다. 심지어 이런 질문이 바람직하지 못하다는 것을 잘 아는 사람조차 자신도 모르게 이런 질문을 하곤 한다.

② 선택형 질문

서너 개의 가능성 가운데 하나를 선택하도록 강요하는 질문이다. 이때 질문을 받는 사람은 어떤 생각도 할 수 없고, 스스로 해결책도 만들 수 없다. 상대를 수동적이고 의존적으로 만든다.

3 효과적인 질문방법

1) 질문의 의도를 알고 분명하게 질문하기

질문은 크게 질문을 하는 사람을 위한 것과 대답을 하는 사람을 위한 것으로 나누어 볼 수 있다. 대화를 할 때 질문하는 사람은 자신의 의도를 알고 분명하게 질문해야 한다.

전자는 대답하는 사람에게 알고 싶은 정보가 있거나 듣고 싶은 말이 있는 경우 자신의 욕구를 충족시키기 위한 것이다. 대화를 할 때 이런 질문을 너무 자주 하면 대답하는 사람은 정작 자신이 하고 싶은 말은 할 수가 없다.

후자는 상대방이 더 깊게 생각하고 이야기할 수 있도록 돕는 질문이다. 질문을 받은 사람은 답을 하면서 자신을 이해하고 명확하게 정리할 수 있다. 또한 자신의 문제를 파악하거나 창의적으로 해결하는 데 도움이 된다.

2) 질문할 때 양해 구하기

상대방의 이야기 흐름을 끊고 질문을 해야 할 때가 있다. 그럴 때 상대방에게 질문을 해도 되는지 양해를 구하고 질문을 하는 것이 좋다. 자기의 이야기에 빠져 있다가 갑작스럽게 질문을 받으면 당황해서 이야기의 흐름도 놓치고, 질문에도 적절하게 대답을 못하게 될 경우가 있기 때문이다. 질문을 할 때마다 양해를 구할 필요는 없다.

질문의 목적을 명확하게 하고 질문의 양해를 구하는 표현을 예로 들면, "내가 궁금한 게 있는데 물어봐도 될까요?" 또는 "~에 대해 당신이 생각해 보았으면 좋겠군요." 등이 있다.

3) 충분히 생각할 시간을 주기

질문을 한 후에는 충분히 생각할 수 있는 시간을 주어야 한다. 대답이 없다고 바로 다른 질문을 하거나 다른 이야기를 하는 것은 바람직하지 않다. 침묵이 긴 질문이 상대방의 문제에 가장 핵심적인 질문일 수도 있기 때문이다. 때로는 침묵의 이유가 질문의 의도를 잘 몰라서 또는 대답하기가 두려워서일 수도 있다. 침묵을 인내하면서 상대방의 비언어적인 표현을 관찰하면 상대방의 생각이나 마음을 알아차릴 수 있다.

4) 존중하고 지지 · 격려하기

답을 하는 사람은 질문하는 사람이 나의 답에 어떤 반응을 할지 기대는 물론, 두려움도 갖고 있다. 그러므로 상대의 대답에 있는 그대로 반응하거나 지지 · 격려의 표현들을 해주어야 다음 질문에도 부담 없이 편안하게 대답을 할 수 있다.

결론적으로 좋은 질문은 깊은 대화를 가능하게 하고, 신뢰감 있는 관계를 형성하게 한다.

TIP 질문 감수성 체크리스트

1. 질문을 하기 전에 미리 준비합니까?
2. 질문의 목적을 파악합니까?
3. 이해하기 쉽고 간결하게 질문합니까?
4. 적절한 타이밍에 질문합니까?
5. 대답하기 편안한 분위기를 조성합니까?
6. 질문 내용에 대해 미리 예고합니까?
7. 상대방의 본심을 이끌어 내기 위한 질문을 합니까?
8. 질문하기 어려운 상황에서도 용기를 내어 질문합니까?
9. 상대방으로 하여금 생각하게 만드는 질문을 연구합니까?
10. 대답을 들었을 때 감사의 말을 전합니까?

☞ 당신의 질문 감수성은 몇 점인가? 질문을 잘하기 위해 나는 어떤 노력들을 해야 할까?

출처: 이기는 질문 이기는 대답에서 참조.

4 학습정리

배 · 느 · 실로 배운 내용을 정리해 보자.

배운 점에는 배운 내용을 요약하고, 느낀 점에는 오늘 수업을 하면서 느낀 기분과 자신에 대한 생각을 적고, 실행할 점에는 배운 내용을 내 생활 속에 어떻게 실천할지 계획을 세우는 공간이다.

배운 점	
느낀 점	
실행할 점	

03부

의사표현능력

개관

의사표현능력은 말하는 사람이 자신의 생각과 감정을 듣는 사람에게 비언어적·언어적인 표현을 통해 효과적으로 전달하는 능력이다. 의사표현은 경청과 마찬가지로 업무 성과를 높이고, 원만한 대인관계를 유지하기 위한 필수적인 의사소통능력이다.

학습목표

1. 의사표현의 개념과 중요성을 설명할 수 있다.
2. 의사표현의 방해요인을 알고 제거방법을 설명할 수 있다.
3. 상황과 대상에 따른 효과적인 의사표현법을 설명할 수 있다.
4. 설득력 있는 의사표현법을 알고 할 수 있다.

생각정리

Ice-Break: 도깨비 그리기

1. 가위바위보를 통해 먼저 도깨비를 그릴 사람을 정한다.
2. 도깨비를 그릴 동안, 나머지 팀원은 책상에 엎드려 눈을 감고 휴식을 취한다.
3. 도깨비를 그린 사람은 도깨비가 보이지 않게 하고, 말로 도깨비가 어떻게 생겼는지 설명한다.
4. 게임의 목표는 팀원이 복사한 것처럼 같은 크기 같은 모양으로 도깨비를 따라 그리는 것이다.
5. 어떤 현상이 일어났는가 이야기해 본다.

■ 나의 생각을 먼저 정리해 보고 토의를 통해 개념을 정의해 보자.

	의사표현이란 무엇인가?
나의 생각	
팀원의 생각	
	의사표현을 잘 해야 하는 이유는 무엇인가?
나의 생각	
팀원의 생각	
	나는 어떤 의사표현을 잘하는가?
나의 생각	
팀원의 생각	

제 07 장 의사표현의 이해

1 의사표현의 개념과 중요성

의사표현이란 말하는 사람이 자신의 생각이나 감정을 듣는 이에게 전달하는 것으로 첫째, 듣는 이에게 영향을 미치기 위하여 주장할 때, 둘째, 필요한 정보를 주고받기 위하여 질문할 때, 셋째, 어떤 일을 해주도록 요청할 때 사용한다.

출처: NCS직업기초능력

직장생활을 하다 보면, 정확하게 의사표현을 해서 상대방의 행동에 영향을 미쳐야 할 때가 많다. 그때마다 서슴없이 이야기하면 좋겠지만, 상황과 대상에 따라 말하기 곤란한 때도 있다. 심지어 꼭 해야 할 말인데도 상대방이 오해하거나 기분이 상하게 될까 두려워 그 말을 하지 못하고 나중에 피해를 보거나 관계가 오히려 나빠지게 되는 경우도 있다. 예를 들어 상대가 무리한 요구를 하거나 잘못을 저지를 때도 상대 입장에서서 받아주기만 한다면 만만하고 유약한 사람으로 취급받게 될 수도 있다. 또는 상대의 무리한 요구나 잘못을 지적했는데 표현이 잘못되어 상대방에게 상처를 주거나 거부감을 일으키고, 쌓아온 이미지도 무너지게 되는 경우도 있다. 상황에 따라 의사표현을 잘 하는 방법들을 살펴보자.

2 상황에 따른 의사표현 방법

1) 지적해야 할 때

상대방의 말이나 행동 등 잘못을 지적할 때에는 다음과 같이 해야 한다.

첫째, 상대방이 명확하게 알 수 있도록 해야 한다. 상대방의 잘못을 지적할 때 흔히 하는 잘못된 표현은 비난이나 모호한 표현의 지적이다. 비난은 상대방에게 거부감을 불러일으키고, 모호한 표현은 설득력이 약해 행동에 영향을 미치지 못한다.

예를 들어, 보고서에 오타 두 개를 발견했을 때, 상사가 하는 의사표현으로 "이것도 보고서라고 작성했는가? 다시 해 와.", "이런 것까지 내가 일일이 가르쳐 줘야 하나?", "정신을 어디에다 두고 사는 거야?" 등 비난만 한다면 부하 직원은 어떤 생각과 마음이 들겠는가? 아마 기분은 상하고, 무엇이 문제인지 몰라 문제점을 찾는 데 시간을 허비하게 될 것이다. 이런 경우에 구체적이고 명확하게 "여기 오타가 두 군데 있군. 수정해서 가져오게"라고 한다면, 빠르게 수정해서 시간을 단축할 수 있을 것이고, 감정적으로도 불편함이 생기지 않아 따로 스트레스를 푸는데 시간을 낭비하지 않아도 될 것이다.

둘째, 지적은 지금 일어난 일 그 한 가지만 해야 한다. 불편한 감정이 생겨서 지적을 시작하게 되면 그 동안 참아왔던 여러 가지 불편한 점을 다 이야기하는 경우가 있는데, 그럴 때 지적을 받는 사람은 잘못한 행동을 지적받는다고 느끼지 못하고, 자신에 대해 비난을 받는다고 느끼게 된다. 그렇게 되면 지적하는 사람에 대한 거부감이 생기고, 그 사람의 불편함을 해소해 주고 싶은 욕구가 일어나지 않게 된다.

셋째, 아랫사람이 윗사람에게 지적해야 할 때에는 구체적인 근거가 있어야 한다. 그러므로 상사의 지시를 받을 때 메모를 해두는 것이 좋다. 그리고 그 메모의 내용을 반드시 상사가 정확하게 이해했는지 확인해 두어야 한다. 그 후 상사의 지시가 예전과 달라진 것을 부하 직원이 지적할 때 상사의 거부감이 느껴진다고 말꼬리를 흐리지 말고 끝까지 근거를 들어 분명하게 말해야 한다. 말보다 그 사람의 표정이나 목소리, 몸짓이 더 큰 영향을 주기 때문에 부드러운 표정이나 목소리, 말투로 표현하는 것이 도움이 된다.

2) 질책해야 할 때

지적이 상대방의 잘못을 콕 짚는 것이라면, 질책은 꾸짖거나 나무라는 것을 의미한다. 그러나 무턱대고 감정적으로 대한다면, 상대에게 상처를 주게 되어 도움이 되지 않는다. 상처를 받게 되면 행동이 개선된다 하더라도 부정적 감정이 마음에 앙금처럼 남게 되기 때문에 또 다른 문제가 생길 수 있다. 그러므로 상대에게 상처를 주지 않고 따끔하게 꾸짖는 방법을 잘 알아 두어야 한다.

우선 일대일로 이야기할 수 있는 조용한 장소를 선택해야 한다. 질책이 당연하다 생각하더라도 다른 사람이 있는 곳에서 한다면, 자존심에 상처를 받게 되기 때문이다.

둘째, 칭찬으로 시작해서 격려로 마무리하는 것이 좋다. 긴장되어 있는 사람에게 바로 질책으로 들어가기보다 상대방이 나의 이야기를 받아들일 수 있도록 칭찬을 통해 분위기를 풀어주는 것이다. [칭찬+질책+격려] 순으로 이야기하는 화법을 '샌드위치 화법'이라고 한다. 빵과 빵 사이에 고기나 야채를 끼워 넣는 샌드위치처럼 칭찬과 격려 사이에 질책을 끼워 넣는 것이다.

셋째, 문제점이나 아쉬운 점을 분명하고 짧게 이야기한다. 이때 질책의 이유는 분명해야 하고 대안도 함께 제시해 주는 것이 좋다. 그리고 격려의 말로 다시 동기부여를 해준다.

말을 부드럽게 하면서 표정이나 몸짓에 부정적인 감정이 드러나면, 상대방은 오히려 혼란스러울 수 있다. 지적이나 질책을 하려고 마음먹었을 때 먼저 자신의 불편한 감정을 살펴보는 것이 좋다. '이 말을 누구를 위해서 하는 것인가'를 생각해 보면 도움이 된다. 단순히 나의 불편함을 해소하기 위해서라면 지적이나 질책이 아닌 공감을 요구하거나 부탁을 해야 맞는 의사표현이다.

아무리 상대방을 위한 지적과 질책이라도 너무 자주 하는 것은 좋지 않다. 긍정적인 사람의 따끔한 말 한마디가 더욱 강하게 와닿는 법이다.

✎ 내가 하고 싶은 지적이나 질책, 또는 경험했던 지적이나 질책 등을 생각해 보고, 그 상황을 시나리오로 작성해 보자. 그리고 팀원들과 상의하여 바른 지적이나 질책의 표현으로 바꾸어 다시 시나리오를 작성해 보자.

3) 지시, 명령해야 할 때

한 사람이 여러 사람을 통제하고 일을 진행해야 할 때는 지시나 명령이 효과적이다. 상황에 따라 조금은 다르겠지만, "~해." 식으로 강압적인 말 표현보다는 상대방을 존중하는 표현으로 지시하는 것이 좋다. " ~ 해 주기를 바랍니다.", "~하는 것이 어떻겠습니까?" 등 구체적이고 명확하지만 부드러운 표현으로 하는 것이 상대방이 거부감 없이 받아들일 수 있어서 훨씬 효과가 좋다.

4) 충고해야 할 때

충고의 사전적 정의는 '상대방의 잘못이나 허물을 진심으로 타이르는 것'이다. 대화를 하다 보면, 상대방이 자신의 문제에 대한 고민을 털어놓는 일이 종종 있다. 이럴 때 대부분의 사람들은 이야기를 듣자마자 바로 충고를 한다. 이렇게 충고를 할 수 있는 이유는 자신의 문제가 아니기 때문이다.

옛말에 '속 편한 사람의 짐작이 답답한 사람의 궁리보다 낫다'라는 말이 있다. 자신의 문제에 빠져 있는 사람은 해결책이 쉽게 보이지도 받아들여지지도 않는 것이다. 이때 충분한 공감을 통해 답답한 감정에서 빠져나와 이성적으로 생각할 수 있도록 도와주어야 한다. 그리고 질문을 통해 스스로 답을 찾을 수 있도록 도와주고 경청하면서 기다려주는 것이 좋다. 그런데도 답을 못 찾는다면 그때 해 줄 수 있는 것이 충고나 조언이다.

충고를 조심스럽게 해야 하는 또 한 가지 이유는 아무리 진심이라도 충고나 조언을 받는 것을 좋아하는 사람은 드물기 때문이다. 대개 힘들다고 하소연을 하는 사람의 얘기를 가만히 듣고 있으면, 그 사람이 정작 듣고 싶은 말은 '자신이 그 어려움을 얼마나 잘 헤쳐 나가고 있는가'를 알아주는 인정일 때가 많다. 사람은 누구나 자신의 존재를 인정받고 자신이 한 일을 칭찬받고 싶어 하는 욕구를 가지고 있다. 그렇기에 자신에게 정말 문제가 있다면 그것을 감춘다. 그리고 정말 문제를 해결하고 싶어 충고나 조언을 바랄 때에는 말하는 사람이 먼저 요청을 하는 경우가 많다. 즉 다른 사람의 하소연을 듣고 섣부르게 판단하여 충고하기보다는 공감이나 인정, 격려를 하는 것이 좋다.

대화를 듣다가 충고나 조언이 필요하다고 생각될 때에는 상대방이 충분히 이야기 할 수 있도록 경청을 한 후 가장 마지막에 말하는 것이 좋다. 그리고 직접적인 표현보다는 예화를 들어 비유로 상대방이 스스로 깨우칠 수 있도록 하는 것이 훨씬 효과적이다.

5) 거절해야 할 때

거절이 힘든 이유는 상대방이 실망하거나 관계가 나빠질 것을 염려하기 때문이다. 그렇다고 무조건 수용만 한다면, 관계의 균형이 깨지고, 의존적인 관계가 형성될 수 있다. 그렇게 되면 관계를 오래 유지하기가 힘들어진다. 때로는 나에게 또는 상대에게 부탁을 들어주는 것이 해가 될 경우도 있다. 그러므로 거절을 해야 할 때 잘 판단하여, 관계를 해치지 않으면서 거절을 할 수 있는 의사표현 능력이 필요하다.

거절을 해야 하는 이유가 분명하다면, 먼저 단호하게 거절의 의사를 밝히는 것이 좋다. 그리고 상대방의 실망스러운 감정에 대해서 충분히 사과를 한다. 이때 상대방의 실망, 화 등의 감정을 최대한 공감해 주는 것이 좋다. 상대방이 감정적으로 조금 편안해지면 명확하게 거절을 해야 하는 이유를 밝혀야 한다. 거절의 이유에 대한 설명은 상대방이 거절을 받아들일 수 있도록 도와주고, 거절로 생기는 다른 오해들이 발생하지 않게 도와준다.

거절을 할 때 주의할 것은 표정이나 어투이다. 지나치게 정색을 하거나, 매정한 표현으로 감정적인 상처를 주지는 말아야 한다. 비언어적인 표현이나 태도 등이 오히려 감정을 더 상하게 하는 경우가 많다. 이것이 기본적인 거절의 요령이고 상황에 따라 다양한 방법의 거절이 있을 수 있다.

✎ 상황을 하나 설정하여 효과적인 나만의 거절 방법을 네 컷 만화로 표현해 보자.

6) 설득해야 할 때

설득을 하려 할 때 우리가 가장 많이 하는 실수는 '강하게 밀어붙이는 말투와 몸짓'이다. 예를 들어 큰 소리로 말하거나 손가락질, 심지어 책상을 내려치는 등의 행동을 하는 사람도 있다. 말하는 사람의 욕구나 목표를 달성하고자 하는 마음이 앞서기 때문에 그렇게 말하고 행동하게 되는데, 오히려 거부감을 일으켜서 설득이 힘들어진다.

설득의 요령은 첫째, 상대방이 무엇을 원하는지 아는 것이다. 내가 원하는 것이 있으면, 상대방이 원하는 것이 있다. 우선 상대방이 무엇을 원하는지 파악해야 한다. 그리고 상대방이 원하는 것도 받아들일 마음이 있다는 것을 먼저 보여줘야 상대방도 마음의 문을 열고 나의 말에 귀를 기울여 줄 수 있다.

둘째, 나의 말대로 하면 상대방에게 어떤 이익이 발생하는지를 찾아내어 설득하는 것이다. 대개 사람은 우선 자신의 이익에 대해서 관심을 집중한다. 나의 제안을 수락하면 상대방에게 어떤 이익이 발생하는지 명확하게 이해할 수 있도록 전달하는 것이 중요하다. 전달방법은 말도 중요하지만 통계 자료, 이미지, 전문가의 말 등 상대방이 신뢰할 만한 사실을 근거로 보여주며 설득하는 것이 효과적이다.

7) 부탁해야 할 때

부탁을 할 때에도 우선 내가 원하는 것을 먼저 이야기 하는 실수를 많이 한다. 내가 원하는 것을 말할 때에도 먼저 상대방의 상황을 살피는 태도를 보여야 한다. "제가 부탁을 하나 드리고 싶은데, 괜찮으십니까?"하고 상대방을 우선시하는 말을 먼저 건네야 한다. 그런 다음 상대방이 응하기 쉬운 부탁을 먼저 해야 한다. 부탁은 구체적이고 명확하게 전달해야 한다. 거절을 하더라도 싫은 내색을 해서는 안 된다. 싫은 내색을 하면 상대방에게 거부감이 생겨서 다시 한 번 부탁을 할 기회마저도 없어지게 된다.

✎ 짝과 '부탁' 을 주제로 역할극을 해 보자.

일단 상대방이 들어주기 조금 어려울 수 있는 부탁을 하나 정하고, 짝에게 다양한 방법으로 승낙을 받을 때까지 부탁을 해 본다. 어떤 느낌이 들었는지, 어떤 방법이 효과적이었는지 팀원들과 토의하고 정리해 보자.

8) 칭찬해야 할 때

칭찬은 사람을 기쁘게 한다. 칭찬은 받는 사람에게 자신감을 키워주고, 동기부여를 시킨다. 칭찬을 해주는 사람에게 우리는 큰 호감을 느낀다. 즉, 적시에 적절한 칭찬의 말은 서로에게 도움이 되는 상생의 관계를 형성하는 데 필수적인 요소이다. 그렇다면 칭찬은 언제 해야 하는가? 칭찬을 하는 것이 어색한 사람은 언제, 어디서, 어떻게 칭찬을 해야 할지 몰라 망설이다가 기회를 놓친다.

첫째, 칭찬은 조금이라도 그 사람의 좋은 점을 보았을 때 언제 어디서든 바로 하는 것이 좋다. 사람에게 관심을 주고 있다 보면, 칭찬을 할 기회는 정말 많다.

둘째, 결과만 보지 말고, 상대방이 잘 한 행동이 조금이라도 있을 때 그것을 알아주는 방식으로 한다. 즉, 칭찬은 상대방이 긍정적인 행동을 하려고 의도하고 노력하는 것을 알아주는 것이 중요하다. 이때 칭찬은 노력한 구체적인 사실을 근거로 해야 한다. 사람은 결과보다 자신의 의도를 인정해 주고 격려해 주는 사람에게 훨씬 더 호감을 느낀다. 반대로 그런 지지와 격려 없이 결과가 나왔을 때만 칭찬을 받는다면, 다음에 혹시 결과가 좋지 않았을 때 칭찬받지 못할까 봐 부담감을 느끼고 계속 그 업무를 수행하기가 어려워하는 경우가 있다.

칭찬을 할 때 주의사항이 있다. 첫째, 어떤 것이든 나의 기준을 정해 놓고, '잘했다', '못했다' 식의 평가가 들어 있는 칭찬의 표현은 좋지 않다. 평가가 들어 있는 칭찬은 윗사람이 아랫사람에게 하는 칭찬이다. 둘째, 공개적인 자리에서 상사를 지나치게 칭찬하는 것은 아부로 보일 수 있으므로 조심해야 한다. 셋째, 칭찬도 센스가 필요하다. 처음 만나는 사람에게 칭찬을 건넬 때에는 바로 그 사람에 대해 칭찬하면 부담스러울 수 있다. 그러므로 가벼운 칭찬을 먼저 하는 것이 좋다. 예를 들면, "사무실 전망이 참 좋네요." 같은 가벼운 칭찬이 친근감을 형성한다.

✎ 팀원들에게 칭찬 메시지를 적어주자.

1. 팀원 수만큼 쪽지를 나누어준다.
2. 팀원의 좋은 점(말과 행동)을 찾아 적는다. 최대한 많이 적는다. (예 : 리액션을 잘한다. 미소를 잘 짓는다. 등)
3. 내가 생각하는 팀원은 어떤 사람인지 성품을 적어준다. (예 : 성실한, 리더십이 있는 등)
4. 내가 받은 칭찬을 여기에 옮겨 적어보자. 가장 마음에 드는 칭찬부터 옮겨 적는다. 그 이유는 무엇인지 팀원들과 공유한다.

3 학습정리

성찰하기

- 내가 이미 잘하고 있는 의사표현들은 무엇이고 어떻게 하고 있는지 적어보자.

- 내가 노력해야 할 의사표현은 무엇인지 적어보고 어떻게 실천할지 방법을 적어보자.

Ice-Break: 나의 이미지 형상화

각자 자신의 이미지를 형상화하여 동물이나 다른 무엇으로든 A4용지에 그림을 그린다. 그리고 다른 팀원에게 돌리면, 다른 팀원들은 그 사람이 그린 그림 위에 자신이 본 그 사람의 말투, 행동 또는 어떤 이미지인지 피드백 해준다.
내가 생각하는 나의 이미지와 타인이 바라보는 나의 이미지를 비교해 보고, 차이가 있다면 무엇 때문일까 팀원들과 이야기해 보고 적어보자.

생각정리

■ 나의 생각을 먼저 정리해 보고 토의를 통해 개념을 정의해 보자.

	잘못된 의사표현들은 어떤 것들이 있을까?
나의 생각	
팀원의 생각	
	바람직한 의사표현은 무엇인가?
나의 생각	
팀원의 생각	

제 08 장 의사표현능력 개발

1 의사표현의 장애요인

말을 할 때에는 상대에게 말의 내용이 정확하게 전달이 되어야 하고, 이야기를 듣는 사람이 거부감 없이 받아들일 수 있어야 한다. 대부분 사람들은 갈등이 생기면 자신의 성격이나 타인의 성격을 문제 삼아 개선하려고 한다. 그러나 실제로 의사소통 방법의 문제가 대부분이다. 그런데 사람들은 자신이 어떻게 말하는지 어떻게 사람들에게 보이는지 잘 알지 못한다. 대부분 살면서 부모나 주변 사람을 통해 경험적으로 의사소통을 배우기 때문에 어떻게 말해야 하는지 정확하게 알고 있는 사람도 드물다. 그러므로 바른 의사소통 방법을 이해하고 상호 피드백과 성찰을 통해 자신의 잘못된 의사표현 습관들을 찾아서 바른 표현으로 고쳐 나갈 수 있도록 노력해야 한다.

다음 제시하는 열 가지 잘못된 의사표현 습관을 살펴보고 올바른 의사표현 습관으로 바꾸어보자.

1) 남 탓하는 말하기

– "그 친구가 욕을 먼저 하지 않았다면, 나도 그렇게 욕하지 않았을 거야."
– "부장님의 말투가 문제야. 들을 때마나 너무 기분이 상한다니까."

이렇게 남에게 자신의 행동이나 감정의 원인을 떠넘김으로써 자신을 합리화하고 정당화시키고자 할 때 남을 탓하는 말을 많이 하게 된다. 이렇게 우리는 자기변명을 하는데 익숙해 있다. 그러나 남에게 책임을 돌린다고 문제가 해결되지 않는다.

상대방의 표현에 의해 생긴 자신의 부정적인 감정을 솔직하게 대면하고 '나 중심의 표현'으로 나의 감정을 상대방에게 전달할 필요가 있다.

이에 따라 위의 예문을 이렇게 바꾸어 표현할 수 있다.

– "나는 네가 욕을 하지 않았으면 좋겠어. 나는 욕을 들으면 화가 많이 나."
– "부장님, 좀 더 저를 존중해 주는 표현을 써 주시면 좋겠어요. 저는 비난하는 말을 들으면 마음에 상처가 되어서 오래 가요."

이런 표현은 자신의 감정을 상대에게 떠넘기는 것이 아니라, 자신의 책임으로 생각하고, 상대방에게 자신의 감정을 이해할 수 있도록 표현함으로써 문제를 해결하고자 하는 태도를 보여준다. 그리고 자신이 바라는 것을 긍정적인 표현하여 요청함으로써 상대방이 거부감 없이 받아들일 수 있도록 돕는다.

2) 강요하는 말

– "지각은 더 이상 용납할 수 없어. 앞으로 제시간 보다 일찍 출근하도록." (지시, 명령)
– "한 번만 더 지각하면, 사직서 쓸 각오를 하게." (경고, 위협)
– "지금이 몇 시인가? 평사원이 부장인 나보다 더 늦게 출근한다는 게 말이 된다고 생각하는가? 내가 평사원이었을 때는 말이야, 항상 가장 먼저 와서 사무실 정리하고 오늘 해야 할 업무를 살펴보곤 했었지." (설교)
– "자네는 정말 불성실하고 책임감이 없군. 제시간에 출근하는 건 기본 중에 기본 아닌가? 시간 약속 하나 못 지키는 사람이 무슨 일인들 잘 할 수가 있겠어." (비난)
– "나는 자네가 참 자유롭고 세상을 편하게 사는 것 같아 부러워. 오고 싶을 때 오고

가고 싶을 때가고. 정말 부러워. 난 입사한 후로 그렇게 하루도 살아본 적이 없는데 말이야." (비꼬는 말)

위의 표현들은 흔히 들을 수 있거나 쓰는 표현들로 어느 누구도 크게 문제 삼지 않는 표현들이다. 이런 표현은 상대방의 행동을 개선하고자 하는 목적의 피드백이라고 착각하지만, 피드백이 아니다. 말하는 사람에게는 속이 시원한 의사표현일지 몰라도 듣는 사람에게는 폭력이고, 일방적인 강요이다. 이런 표현을 많이 하게 되면, 필요에 의해서 나의 비위를 맞추거나 눈치를 보는 사람은 있겠지만, 나를 진심으로 좋아하거나 존경하는 사람은 주위에 남아 있지 않게 될 것이다.

그럼 왜 이런 의사표현을 하는 걸까? 그 이유를 생각해 보면, 간략히 두 가지로 정리해 볼 수 있을 것이다. 첫째, 상대방이 내가 기대하는 행동을 당연히 해야 한다는 잘못된 사고방식이다. 그 누구도 내 기대에 부응해야 할 의무는 없다. 기대가 큰 사람이 실망도 분노도 큰 법이다. 사람들은 자신의 불편함을 상대방이 해소해 줘야 한다는 생각에서 벗어나 함께 해결하려는 마음으로 상대방에게 다가가야 한다.

둘째, 바로 표현하지 못하고 참았던 감정이다. 대부분 불편한 마음을 드러내기를 싫어하기 때문에 또는 작은 일이기 때문에 참는다. 그러나 감정은 참는다고 사라지는 것이 아니라, 그대로 마음에 쌓여 있다가 비슷한 상황이 되면 다시 더 크게 촉발된다. 그러므로 할 말이 있을 때 참지 말고 바로 의사표현을 하는 것이 좋다. 전달력도 좋고, 상대방에게 부담을 주지 않는다.

위에 제시된 잘못된 의사표현을 바른 의사표현으로 바꾸면, "지각이 잦군. 제시간에 올 수 있으면 좋겠네. 다른 걸 잘해도 지각을 자주 하면 자네 실력보다 낮게 평가될 수가 있기 때문에 걱정이 된다네. 어떻게 하면 제시간에 올 수 있겠나?"이다. 강요하지 않고 잘못된 부분을 스스로 해결해 나갈 수 있도록 돕는 의사표현이다.

3) 자기 기준으로 평가·판단하기

– "어쩌면 너는 사람이 그러니?"

– "너는 참 해도 해도 너무한다."

– "너도 사람이면 생각을 좀 해 봐."

– "어디서 말도 되지 않는 소리를 하고 있어?"

위 예시는 상대방의 입장이나 형편을 생각하지도 않고 자기 기준에서 평가하고 판단해서 원망하는 말들이다. 이렇게 자기중심적으로 타인과 소통하면 소통의 장애가 많이 발생한다. 자신의 입장에서 이해가 되지 않는다고 무턱대고 비난하고 원망하면, 듣는 사람은 얼마나 억울하겠는가? 자기중심적인 사고방식에서 벗어나 사람이 다 다를 수 있다는 것을 받아들이고 상대방의 입장에서 이해하려고 노력해야 소통이 가능해진다.

– "나는 네가 그렇게 행동하는 이유를 알고 싶어. 말해 줄 수 있다면 나에게 이야기 해 줄래?"

– "어떤 생각이 들어서 그렇게 결정했니?"

– "그 말의 의미가 무엇이니, 내가 이해하지 못했어. 다시 한 번 이야기해 줄래?

이렇게 질문함으로써 상대방이 자신을 설명할 기회를 주는 것에서부터 소통은 시작된다.

4) 일방적으로 충고하기

상대방의 입장이나 형편은 고려하지 않고 내 마음대로 해결책을 제시하고 따르라고 하는 표현을 하는 사람이 있다. 충고를 하는 것에서 그치는 것이 아니라, 남의 문제도 자신의 문제처럼 다 해결하고 싶어 하는 사람들이 있다. 단순히 '정이 많다', '이타적이다'라고 긍정적으로 흔히 평가하지만, 오히려 이기적인 마음에 기인한 행동으로 볼 수가 있다.

일방적인 충고나 조언은 그것을 따랐을 때 아무리 결과가 좋더라도 강요이고 폭력이다. 상대방이 충고를 받아들일지 말지는 상대방이 선택해야 할 문제이다. 그럼에도 지나치게 자신의 충고를 받아들이라고 강요하는 이유는, 말하는 사람의 자기만족감 때문이다. 이런 경우 상대를 진정 위해서라기보다, 자신의 불안감 때문에 상대를 통제하고 싶어 하는 것이다. 그리고 상대를 위하는 행위를 통해 자신의 낮은 자존감을 높이기 위한 것이라고 볼 수 있다.

나와 남의 경계가 없이 자꾸 간섭하려 들면, 결과와 상관없이 관계가 매우 불편해질 수 있다. 대부분의 사람들은 스스로 선택하고 그 결과를 책임지고 싶어 한다. 타인의 꼭두각시처럼 살고 싶어 하는 사람은 없을 것이다.

5) 약점을 꼬집기

– "너는 마음이 약한 게 탈이야."
– "요즘 학생들은 개념이 없어."
– "고집 좀 그만 부려."
– "넌 참 말 많은 게 흠이야."

상대방의 약점을 꼬집으며 고치라고 강요하는 표현을 하는 사람이 많이 있다. 그 사람들의 말 속에는 '너는 문제가 있고, 나는 괜찮은 사람이다'라는 전제가 깔려 있다. 이런 말을 자주 한다는 것은 오히려 자신의 약한 부분을 직면하기보다 상대방을 공격하면서 자신의 약점을 감추려는 의도일 수도 있다.

반대로 상대방의 약점을 감싸주는 사람은 자신의 강점과 약점을 알고 수용할 수 있는 사람이다. 즉 타인의 약점을 꼬집는다는 것은 자신의 약점을 드러내는 것과 같다. 타인의 약점이 나에게 불편한 감정을 일으킨다면 그것은 내가 인정하기 싫은 나의 약점일 수도 있다는 것을 명심하자. 사람은 누구나 강점과 약점이 있다. 강점에 더 집중하는 사람과 약점에 집중하는 사람이 있다는 것이 다를 뿐이다.

✎ 말로 입은 상처를 달래주는 활동

1. 내가 가장 듣기 싫었던 내 약점을 꼬집는 말을 찾아보자.

2. 팀원들과 '이런 말을 언제 누구한테 들었는지, 마음이 어떠했는지' 공유해 보자.

3. 팀원들이 그 친구에게 돌아가며 그 말을 그 사람처럼 해 주자.

4. 팀원들이 그 말을 할 때마다, "아니야. 그렇지 않아. 나는 ~ 사람이야."라고 거부의 반응을 해보자. 하고 싶은 말이 생기면 하고픈 대로 해도 좋다. 최대한 분명하게 거부하자.

6) 지나친 자기자랑

- "말이 나왔으니 말이지, 내가…"
- "내 자랑은 아니지만, 사실…"
- "우리끼리 하는 말이지만, 내가…"
- "내가 잘 나가던 때에는 …"

자기 자랑을 하는 것이 나쁜 것은 아니지만, 지나친 자기 자랑은 대인관계에 좋지 않은 영향을 미친다. 사람이 자기 자랑을 지나치게 하는 이유는 무엇인가? 자기 자랑이 심한 사람은 그런 말을 하면서 스스로 자기를 위로하는 것이다. 안타깝게도 사회적으로도 자신의 능력을 인정받기가 더욱 어려워지고 칭찬이 인색한 한국 사회의 특성상 자신의 인정욕구를 채우기가 어렵기 때문에 스스로 자신의 욕구를 채우고자 하는 말과 행동일 수 있다. '소·확·행'이라는 말이 유행처럼 번지는 것도 어찌 보면 타인이나 사회로부터 채워지지 않는 욕구를 스스로 채우려는 자기애적인 행동일 수 있다.

그렇다 하더라도 지나친 자기 자랑은 듣는 사람을 지치게 한다. 나만큼 타인도 인정받고 싶은 욕구가 있다. 칭찬을 받는 것만 좋아하기보다는 타인을 진심으로 칭찬해 주는 걸 좋아해 보자. 타인을 진심으로 인정해 주면, 진심으로 나를 인정해 주는 사람도 많아질 것이다.

✎ 인정욕구를 채워주는 칭찬 게임

1. 내가 가장 듣고 싶은 칭찬의 말들을 적어보자.

2. 팀원들에게 내가 듣고 싶은 칭찬이 무엇인지 공유해 보자.

3. 팀원들이 칭찬으로 샤워를 하는 것처럼 입을 모아 한 사람을 칭찬해 주자.

4. 샤워를 할 때처럼 온 몸과 마음으로 그 칭찬을 받아보자. 서로 돌아가며 해 주자.

5. 느낀 점을 공유하고 정리해 보자.

7) 혼자 떠들기

상대가 관심이 있는지 없는지 안중에도 없고, 상대에게는 말할 기회나 심지어 제대로 반응할 기회도 주지 않고 혼자서 끝도 없이 떠드는 사람들을 간혹 본다. 심지어 상대의 말을 끊거나 끼어드는 데도 선수이다. 이런 사람들은 외로워서 그럴 수도 있다. 소통을 제대로 하지 못하니, 아무리 말을 해도 공허하고 대인관계에서도 피하고 싶은 사람이 되었을 것이다. 그러나 정작 자신이 듣는 사람을 외롭게 하고 있다는 것을 알아야 한다.

8) 빈정대기

- "너야 워낙 똑똑하니까. 이런 생각도 하지, 나 같은 보통 사람은 뭐 따라갈 수가 있나."
- "일류대 출신도 별수 없네."

위의 말처럼 비꼬거나 빈정대는 말투가 습관이 된 사람은 자격지심이나 질투심이 많아 보인다. 대개 이런 사람은 자기 기대가 높고, 끊임없이 남과 비교하며, 타인이 나보다 나은 점이 있으면 빈정대는 말을 하게 된다.

반대로 자신을 타인과 비교하지 않고, 있는 그대로 사랑하는 사람은 타인을 대할 때 이런 질투나 자격지심 때문에 빈정대지 않는다. 타인의 장점을 칭찬하고 함께 하는 것을 자랑스러워하고 기뻐한다.

9) 말꼬리 돌리기

말꼬리 돌리기란 상대의 말을 듣고 갑자기 화제를 바꾸거나 딴청을 피워 말하는 사람을 어리둥절하게 하는 말과 행위를 말한다. 대개 그 이야기의 화제를 회피하고 싶지만 불편한 감정을 드러내는 것이 힘들기 때문에, 또는 그 이야기를 하는 것이 곤란하기 때문에 그런 경우가 있다. 그런데 이렇게 말꼬리를 돌리는 순간 상대방의 진심을 마주하거나 당장 해결해야 할 중요한 문제를 놓치게 될 수 있다. 감정이나 문제는 시간이 지날수록 더욱 커지고 해결하기가 어려워진다는 공통점이 있다.

2 효과적인 의사표현 방법

어떻게 의사표현을 해야 하는 것일까? 솔직하면 되는가? 그렇지 않다. '어떤 표현을 많이 하는가?, 어떻게 표현하는가?'에 따라 관계에 도움이 될 수도 있고, 해가 될 수도 있다. 솔직하게 표현한다고 부정적인 이야기를 너무 많이 하면 관계가 불편해질 수 있다. 그렇다고 지나치게 긍정적인 표현만 한다면, 진실성을 의심받을 수도 있다. 또는 같은 내용을 말하더라도 어떤 사람은 듣는 사람에게 심한 거부감을 느끼게 이야기하는 사람이 있는가 하면, 어떤 사람은 따끔한 피드백을 하더라도 상대방이 수용할 수 있게 하는 사람이 있다. 즉, 말의 내용도 표현방법도 모두 중요하다. 뿐만 아니라, 말을 하는 시기도 중요하다. 이렇듯 의사표현을 할 때 우리가 고려해야 할 세 가지 요소에는 긍정적인 표현하기, 있는 그대로 표현하기, 부드럽게 표현하기가 있다.

1) 긍정적 표현하기

사람을 볼 때도 부족한 것부터 보고, 무엇을 보든지 부정적인 평가를 내리는 사람이 있다. 심지어 선물을 받고도 마음에 안 드는 점만 찾아낸다. 이런 사람들은 마음가짐부터 바꾸어야 한다. 단점보다는 장점을 찾으려 노력하고, 평가하기보다 감사하는 마음을 먼저 갖는다. '수인관미 전인개신(隨人觀美 全人皆神)'이라 했다. '사람의 아름다움을 보아주면, 그 사람이 신이 된다'는 말이다. 사람은 틀린 것이 아니라 다른 것이다. 사람의 아름다움을 보고 자꾸 칭찬해 주려고 노력해야 내가 보는 세상도 아름다워지고, 관계도 좋아질 것이다. 사람들은 타인을 깎아내리면 자신이 올라간다고 느끼지만, 오히려 남을 인정해주면, 자신의 자존감도 같이 향상되고 기분도 좋아진다.

2) 있는 그대로 표현하기

존 포웰(John Powell)신부의 저서 『왜 나를 말하기를 두려워하는가』라는 저서에서 그 이유를 살펴보면, 사람들은 있는 그대로의 자기를 표현하면 미움 받거나 무시당하거나 거부당할지도 모른다는 위험을 느끼고, 오해받을 수도 있다는 생각에 자신을 있는 그대로 드러낼 수 없다고 한다. 때로는 두려움 때문에 우리는 타인에게 혹은 자신에게 자신을 과소평가하는 말이나, 과시하는 말을 하며 그 말 속에 자신을 감추기도 한다. 또 상대방을 탓하거나 상대방을 비난하면서 그 속에 자신을 감추기도 한다.

솔직한 표현이 아닌 자신을 감추는 말들은 하는 사람도 듣는 사람도 불편한 마음이 들 뿐 진정한 만남이 이루어질 수 없다. 그러므로 어려움이 있더라도 자신을 있는 그대로 드러내 보이는 길밖에는 상대와 진정으로 만날 수 있는 방법이 없다. 솔직한 표현들은 상대방을 조금 더 솔직하게 개방할 수 있도록 돕는다.

사람들은 부정적인 자신의 생각과 감정이 문제라고 생각해서 참는 경우가 많은데 정작 문제는 부정적인 생각과 감정이 아니라 표현이다.

3) 주어를 '나'로 표현하기

우리는 자기 지각이 전부인 것처럼 착각을 할 때가 많다. 그래서 상대방에게 단정적인 어투로 말을 하게 된다. 예를 들면 "말도 안 되는 소리 하지 마라.", "네가 전에 그렇게 얘기 했잖아" 등 이런 단정적인 표현들은 불필요한 갈등을 일으키고 대화가 더 이상 진행될 수가 없게 된다. 이런 표현들은 '너도 나처럼 생각해야 한다.'라는 강요이고, 오만이다.

그러면 어떻게 표현해야 하는가? 너 중심의 표현들을 나 중심의 표현들로 바꾸면 된다. 예를 들어 "내 생각에 그건 아닌 거 같아.", "내가 기억하기에는 네가 그렇게 말했었어." 단정적인 어투가 아닌 이런 나 중심의 표현들은 '나는 이렇게 생각했는데, 당신은 어떤가요?'라는 느낌을 전달해 주어 소통을 원활하게 한다. 부정적인 감정 또한 부드럽게 전달될 수 있다. "네가 ~하기 때문에 답답해."가 아니라 "난 ~하고 싶은데, 그렇게 되지 않아서. 나는 답답해." 라고 표현하면, 내 감정을 상대방에게 떠넘기는 것이 아니어서 상대방이 부정적인 감정을 수용하기 편해진다.

관상가들은 그 사람이 어떤 마음으로 어떻게 살아왔느냐에 따라 인상이 조금씩 변화한다고 한다. 즉, 평소에 그 사람이 갖는 생각과 감정이 얼굴 속에 그대로 녹아들어 있다고 보면 된다. 거울을 들여다보듯이 자신의 말과 행동을 살펴보면, 자신이 어떤 사람인지 알 수 있다. 그리고 거울을 보고 자신을 가꾸듯이 자신의 말과 행동을 가꾸어 아름다운 사람이 되려고 노력하자. 생각나는 대로 마구 내뱉는 식의 표현보다 조금 더 자신의 생각과 감정을 잘 살펴 상대방에게 잘 전달하려는 노력이 필요하다.

3 학습정리

성찰하기

■ 학습한 것을 토대로 그동안 나의 의사표현을 생각해 보고 앞으로 어떻게 해야 할지 정리해 보자.

제거(eliminate)	증가(raise)
감소(reduce)	시도(create)

TIP 자기계발을 위해 피드백(feedback)을 잘 받는 법

피드백의 사전적 정의는 '진행된 행동이나 반응의 결과를 본인에게 알려 주는 일'이다. 피드백의 목적은 사람들이 일상생활에서 기대하는 바에 대해 알 수 있도록 하는 것이다. 학생들은 타인의 피드백으로 인해 스스로 추구하고 있는 목표와 변화를 가속화시키고, 자기신뢰를 고취시키며, 지속하게끔 고무시키는 역할을 인식할 수 있다. 또한 새로운 스킬을 학습할 것인지에 대한 정보를 주며 가치 있는 정보를 제공해주기도 한다.

피드백을 효과적으로 활용하기 위해서는 다음의 원칙이 있다.

- 피드백을 자주 주고받는다.
- 적시에 피드백한다.
- 성과 문제를 해결하기 위해 피드백한다.

• 피드백을 받는 방법

건설적으로 피드백하는 것이 대부분의 사람들에게 자연스럽게 되는 것은 아니다. 당신이 자신의 행동과 스킬에 대해 진단받고자 한다면, 주위 사람에게 물어보아야 한다.

- '누구에게 질문할 것인가?'와 관련하여 몇 가지 고려해야 할 요인들이 있다. 우선 나와 신뢰관계가 형성되어 있어야 한다. 즉 솔직하게 이야기해 줄 수 있는 사람, 존경하는 사람, 격려해 줄 수 있는 사람을 찾는 것이 좋다. 둘째로 나와 다른 관점을 가진 사람이 좋다 이는 나에게 새로운 견해와 의견을 제공할 것이다. 셋째, 서로 상호작용 할 수 있는 사람을 선택하라. 서로 시너지 효과를 낼 수 있다. 넷째, 피드백을 주는 사람은 다양한 맥락에서 나를 관찰하고 충분히 오랫동안(보통 3개월에서 6개월) 함께 교류했던 사람이어야 한다.
- '언제 질문할 것인가?'는 피드백을 요구하기 전에, 내가 직면한 도전과 기대, 장단기 목표에 대해 생각해 봐야 한다. 이후 목표를 이루는 데 적합한 피드백을 요청하는 것이 더 명확해질 것이다. 목표와 초기의 피드백을 얻은 다음에는, 매일 피드백을 요구하는 것을 습관화하라. 피드백을 자주 받을수록 잘 하고 있는 것과 지속적으로 해야 할 필요성이 있는 것에 대해 인식하는 것이 쉬워질 것이다.
- '어떻게 질문할 것인가?'는 내가 얻게 되는 정보의 질과 양은 어떻게 질문하느냐에 달려 있다. 상세하고 객관적인 정보를 요구하지 않는다면, 모호한 코멘트와 일반적인 정보만을 얻게 될 것이다.

Ice-Break: 진진가(眞眞假)

서로 잘 알지 못하는 참가자들을 대상으로 개인에 관련된 두 개의 진짜 사실과 하나의 가짜 사실을 섞어 소개하면, 수수께끼 맞추듯 다른 팀원이 가짜를 찾아내는 게임이다.

주의사항 : 명백하게 드러나는 사실이나, 추상적인 것은 적지 않아야 한다.
Tip : 단순 사실의 전달보다는, 스토리텔링 하듯이 구체적으로 이야기하면 재미있다.

나의 진진가

두 개의 진실과 하나의 거짓
1.
2.
3.

생각정리

■ 나의 생각을 먼저 정리해 보고 토의를 통해 개념을 정의해 보자.

	어떤 발표가 좋은 발표인가?
나의 생각	
팀원의 생각	

	발표를 잘 하기 위한 방법은?
나의 생각	
팀원의 생각	

제 09 장 발표능력 개발

1 발표의 개념과 중요성

정보나 지식이 경쟁적인 지식정보화 시대에는 "그 사람이 얼마나 알고 있는가?"가 중요했다. 그러나 지금은 많은 지식과 정보를 공유하는 시대이다. 누구든지 필요하면 언제든지 지식과 정보를 얻을 수 있기 때문에 많이 알고 있는 것보다 그 지식과 정보들을 가공해서 상대방에게 잘 전달하는 의사표현능력이 더욱 중요해졌다.

발표(發表)란 사전적인 의미로 '일의 결과나 사실 따위를 세상에 널리 드러내어 알림'으로 정의되어 있다. 직장생활을 하다보면, 특정 사업이나 업무에 대한 계획안, 신상품에 대한 소개 등을 관련자들에게 발표하는 일을 하게 된다. 일반적으로 발표는 발표자가 차트, 슬라이드 등 보조 자료를 이용하여 계획안을 소개하거나 특정 사안의 논점을 설득하는 방식으로 이루어진다. 많은 사람에게 나의 의사를 전달하여 큰 영향력을 미친다는 점에서 발표는 매우 중요한 의사표현능력 중 하나이다.

전 세계에서 매일 3,000만 건 이상의 프레젠테이션이 이루어지고 있다. 날마다 수많은 기업과 단체들이 프레젠테이션을 통해 새로운 거래처를 선정하고 경영의 새로운 방향을 제시한다. 그중 애플사가 주최하는 신제품 브리핑을 위한 스티브 잡스의 프레젠테이션은 세계 언론의 취재 대상일 뿐 아니라 온라인으로 생중계될 정도로 대중의 열광적인 반응을 이끌어 냈다. 발표가 끝날 즈음 "아직 말하지 않은 것이 한 가지 있다."고

가장 중요한 소식을 장난스럽게 공개하는 방식, 청바지와 검은색 터틀넥, 운동화를 착용한 예술가적인 이미지, 신제품에 대한 소비자의 기대를 고조시키기 위한 비밀 유지 정책 등 스티브 잡스의 프레젠테이션 기법들은 발표전문가가 아닌 일반인들까지도 잘 알고 있다. 지금도 기업에서는 경쟁에서 살아남기 위하여 다양한 형태의 발표 기법을 개발하고, 전문 발표자를 양성하기 위하여 많은 노력을 기울이고 있다.

따라서 대학생들은 발표의 중요성을 인식하고, 발표능력 향상을 위하여 발표하는 방법을 익히고 많은 발표경험을 갖기 위해 노력해야 한다.

2 효과적인 발표방법

1) 발표 준비 과정의 이해

성공적인 발표를 위하여 체계적인 단계를 거쳐 성실히 준비하고, 미리 충분히 리허설을 해보는 노력이 필요하다. 발표준비 과정을 그림으로 정리하면 다음과 같다.

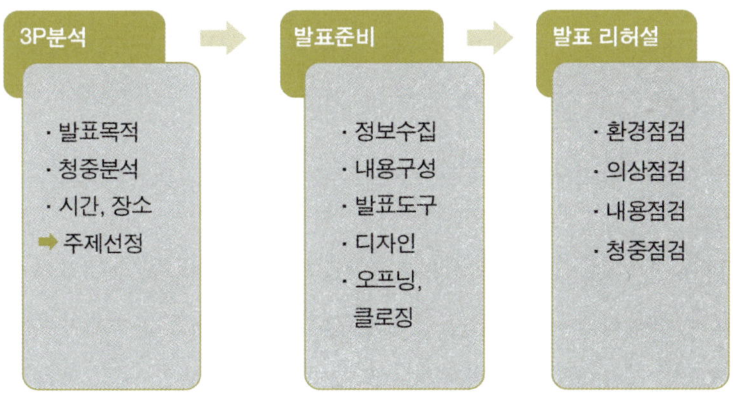

그림 9-1 3단계 발표준비 과정

위 그림에서 제시한 단계에 맞추어 프레젠테이션 체크리스트를 작성해서 발표준비를 하는 것이 좋다. 체크리스트는 9장 학습정리 뒤에 첨부하였다.

(1) 3P 분석

▌그림 9-2 3P 분석

① 목적(Purpose)

발표할 때 가장 우선적으로 알아야 할 것은 발표 목적이다. 발표 목적은 크게 정보전달과 설득으로 분류한다. 첫째, 정보전달의 의미에서 발표란 새로운 사실에 대한 설명, 이미 일어난 사건에 대한 결과보고 등이 해당된다. 대부분 발표자는 발표를 준비하면서 '나는 무엇을 알리고 싶은가?', '내가 중요하다고 생각하는 정보는 무엇인가?'를 먼저 생각하고 '상대방에게 어떻게 이해시킬 것인가?'를 고민한다. 그러나 정보전달을 목적으로 하는 발표에서 가장 중요한 것은 '그 정보가 얼마나 청중에게 유용한 것인가?' 이다.

둘째, 설득의 의미에서 발표란 상대방으로 하여금 무언가를 새롭게 이해시키거나, 의견을 끌어내거나, 행동을 취하도록 하는 것을 말한다. 설득을 위한 발표에서도 마찬가지로 '내가 무엇을 설득하고 싶은가?'를 먼저 생각하고, '어떻게 설득해야 하는가?'를 고민한다. 그러나 정말 중요한 것은 청중이 '왜 그것을 해야 하는가?'를 이해하고, '정확히 무엇을 어떻게 해야 하는가?' 분명하게 전달 받을 수 있는 것이 중요하다. 즉 발표자는 청중에게 기대하는 반응을 명확하게 규정하고, 그것을 이끌어 내기 위해 그들이 필요로 하는 정보를 제공하고 무엇을 어떻게 해야 하는지 명확한 답변을 제시해 주어야 한다.

② 청중(people)

청중에 대한 사전 정보를 분석해야 한다. 청중의 성별, 규모, 사전지식, 흥미, 관심 등에 대해 조사하고 청중이 원하는 것(want)와 필요로 하는 것(need)을 파악해야 한다. 청중 분석은 프레젠테이션의 첫 단추와 같다. 먼저 발표의 목적과 청중에 기대하는 것이 일치하는지 점검하고 발표 주제를 정해야 한다. 그리고 청중의 규모에 맞게 텍스트의 크기를 조정해야 하며, 성별에 맞게 색상을 선정하거나 폰트를 달리하는 등 슬라이드 디자인도 달라져야 한다. 남성은 논리적인 정보나, 수치를 선호하고, 여성은 감성이 풍부한 스토리텔링을 좋아한다는 걸 고려하여 발표방법도 달라져야 한다. 연령대에 따라 젊은 층은 동영상, 이미지, 애니메이션 등의 적극적인 활용이 있어야 하고 연령이 높으면 절제된 자료로 신뢰감을 주어야 한다. 그러므로 청중 분석은 발표의 시작부터 끝까지 영향을 미치는 가장 중요한 기준이 된다.

③ 장소(place)

발표를 준비할 때 발표할 장소와 주어진 시간을 고려해야 한다. 발표 장소의 크기, 장비를 체크해야 한다. 청중의 규모에 맞추어진 장소가 발표에 가장 적합하다. 또한 노트북, 빔 프로젝터, 사운드, PPT버전, 커넥터, 글꼴 등을 사전 확인하여 발표 자료를 잘 활용할 수 있는지 체크하고 준비해야 한다. 조명이나, 외부 소음 등도 체크해 두면 발표할 때 도움이 된다. 그리고 발표 시간을 사전에 체크하고 실제 발표 시간을 고려해서 발표를 준비해야 한다. 주어진 시간을 최대한 활용해서 발표를 준비하지만, 발표 시간이 단축되거나 연장될 경우도 생각해서 준비해야 하기 때문에 발표 내용을 구조적으로 체계화시켜 놓아야 한다. 구조화된 발표 내용은 틀 안에서 얼마든지 줄이거나 늘려도 중요한 내용을 빠뜨리지 않고 전달할 수 있다.

'무엇을 말해야 하는가?' 즉, 발표 주제가 정해지면, '그 주제를 어떻게 효과적으로 청중에게 전달할 것인가?'를 생각해야 한다.

(2) 발표 준비

흔히 하는 평범한 발표는 서론(도입) – 본론(본문) – 결론(끝맺음)의 형식을 취한다. 서론에서는 인사와 간단한 자기소개에 이어 주제, 발표의 목적, 내용 구성에 대해 소개한다. 본론은 발표 내용과 주제에 관련된 배경정보를 제공한다. 그리고 결론 부분은 요약과 제언을 하고 질의 응답하는 시간을 갖는다. 성공적인 발표를 위해서는 다음 사항들을 생각하고 준비해야 한다. 효과적인 발표방법은 다음과 같다.

① 청중의 시선을 사로잡는 오프닝

사람과 사람의 만남에서 가장 중요한 것이 첫인상이다. 발표도 발표자와 청중의 만남에서 시작하기 때문에 가장 중요한 것도 첫인상이다. 발표에서는 이것을 '오프닝(opening)'이라고 한다. 불과 30~40초에 해당하는 이 오프닝으로 발표자는 어색하고 경직된 분위기를 해소하고 청중의 마음을 열어야 한다. 즉 오프닝에 발표의 성패가 달려 있다고 해도 과언이 아니다. 그런데, 이 소중한 시간에 대부분의 발표자는 "안녕하십니까? 저는 ooo입니다. 오늘 이런 발표 기회를 주신 것에 대해 감사하게 생각합니다. 지금부터 oo에 대한 발표를 시작하겠습니다. 먼저..." 이런 평범한 오프닝 멘트를 한다.

청중의 관심과 기대감을 불러일으킬 수 있는 훌륭한 발표자의 특징을 살펴보면,

첫째, 발표자의 비언어적인 표현이다. 교재 앞에 언급한 '메라비언의 법칙'을 떠올려 보면, 우리는 비언어적인 표현으로 더 효과적으로 메시지를 주고받을 수 있다는 것을 배웠다. 이것을 활용하면 발표자는 청중에게 인상적인 메시지를 전달할 수 있다. 우선 청중을 고루 바라보는 시선과 미소로 청중에게 환영한다는 메시지를 전달할 수도 있고, 편안하고 바른 자세로 발표에 대한 자신감도 보여줄 수 있다. 청중은 발표자의 비언어적인 표현을 통해 발표자의 정서를 그대로 느끼며, 마음을 열게 된다.

둘째, 인상적인 오프닝 멘트를 준비한다. 오프닝으로 활용할 수 있는 기법들은 매우 다양하다.

• 에피소드

발표 내용과 관련된 경험으로 시작하는 기법이다. 다른 사람의 경험도 좋지만 가급적이면 발표자의 개인적인 경험이 좋다.

• 비유

청중이 쉽게 이해할 수 있는 것이면서 오늘의 주제를 잘 드러낼 수 있는 적절한 비유가 좋다. 스티브 잡스는 애플의 신제품을 소개하면서, 고전 명작을 비유했다. "모든 고전 명작들이 그러하듯 오늘 저의 프레젠테이션 또한 3막으로 구성했습니다." 이 비유를 통해 스티브 잡스는 '모든 고전이 3막으로 구성되어 있는 것처럼 나의 프레젠테이션도 3막으로 구성되어 있다. 그러므로 나의 프레젠테이션은 명작이다'라는 메시지를 청중에게 전달했다.

• 인용구

유명 인사나 혹은 청중이 평소 존경하거나 잘 알고 있는 인물들의 명언들 중 오늘 주제와 관련 있는 명언을 인용구로 활용한다.

• 질문

질문은 청중의 주의를 환기시키고, 발표자에게 호기심을 갖게 한다. 그들을 발표에 참여시킬 수 있는 가벼운 질문으로 시작한다.

• 사례

청중이 공감대를 형성할 만한 사람이나 회사의 사례를 소개하며, 청중의 관심을 집중시킨다.

• 시사와 이슈

최근 시사들이나 사회적 이슈들 중 사람들의 관심을 끌고 있는 것들 중에 주제와 관련 있는 기사나 사건을 언급한다.

• 이미지

청중의 흥미를 불러일으키거나 충격을 줄 수 있는 이미지를 활용한다.

• 유머

가벼운 유머로 경직된 분위기를 해소할 수 있다.

② 앞으로 발표할 내용이 무엇인지를 먼저 제시하라.

"장님 코끼리 만지기"란 말이 있다. 장님이 저마다 코끼리의 다른 부분을 만지고서는 자기가 알고 있는 것이 코끼리라고 우기는 상황을 표현한 말이다. 이처럼 프레젠테이션도 무슨 말을 하려고 하는지 청중에게 알려주지 않고, 세부 내용만 설명하면 청중이 발표의 내용을 파악하는 데 어려움을 겪게 된다. 그리고 청중은 이야기의 핵심이 무엇인지 찾다가 피로해지고 지쳐버릴 것이다. 그러므로 앞으로 발표할 내용이 무엇인지를 먼저 말해주어야 한다.

③ 청중이 잘 기억할 수 있도록 구조화해서 발표하라.

발표 내용 중 본론은 가장 많은 정보를 담고 있고, 전체 발표 시간의 75%를 차지할 만큼 발표 시간이 길다. 그런데 이 많은 내용을 구조화해서 발표하지 않는다면, 아무리 열심히 발표를 하더라도 발표가 끝난 후에 발표자가 무엇을 이야기했는지 거의 기억하지 못할 것이다. 우리가 흔히 사용하는 전화번호는 7개의 숫자로 이루어져 있다. 그 숫자를 우리는 "123-4567"처럼 세 개와 네 개의 숫자로 분리해서 외운다. 여기에 그 원리가 있다. 청중이 들은 이야기를 잘 기억하게 하려면 세 개 또는 네 개의 그룹으로 구성해서 말해야 한다. 이를 그림으로 만들어 보면,

- **주제** : 발표할 내용이 무엇인지 말해준다.
- **소주제** : 세 개로 나눈 본론의 개요를 말한다.
- **본론** : 각각의 소주제와 관련된 자세한 내용을 말한다.
- **요약** : 본론에서 이야기한 것을 요약하여 정리해서 말한다.

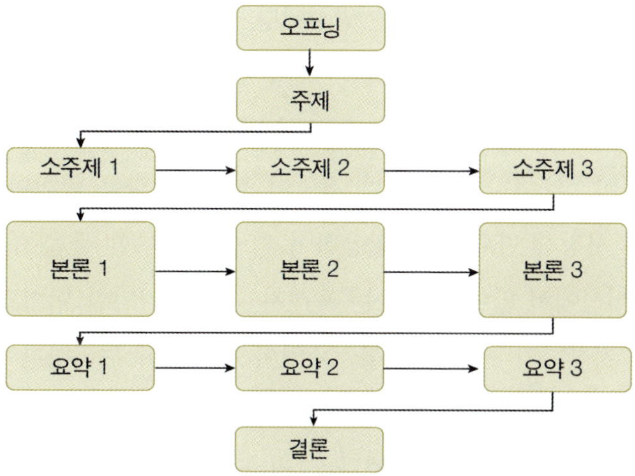

그림 9-3 3-3-3 구조로 말하기

④ **믿을 수 있는 근거를 제시하라.**

주장에는 반드시 근거가 있어야 한다. 본론에서는 명확한 근거를 제시할 수 있어야 하는데, 우리는 들은 것보다 본 것을 더 믿고, 본 것보다는 경험한 것을 더 신뢰한다. 설득을 잘 하려면 청중을 믿게 할 수 있는 특별한 도구들이 필요하다. 시연이 가능하다면, 직접 그 자리에서 시연하는 것이 가장 효과적인 방법이다. 그렇지 못할 경우, 동영상이나 사진자료 또는 공식적인 조사 결과 등 객관적인 사실 근거를 제시하여야 한다.

⑤ **청중에게 도움이 되는 정보를 제공하라.**

기업에서 제품을 팔기 위해 발표를 한다면, 발표자는 제품의 뛰어난 성능을 이야기하고 싶겠지만, 소비자가 알고 싶은 것은 그것으로 '자신이 무엇을 할 수 있는가?'일 것이다. 그렇다면 발표자가 소비자에게 전달할 메시지는 제품의 성능이 아니라 소비자의 제품 활용도에 맞추어져야 한다. 청중에게 정보를 전달하기 위해 발표를 한다면, 그 발표 내용은 청중이 꼭 알아야만 하는 정보, 알아두면 유용한 정보여야 할 것이다.

⑥ **시각자료를 디자인하라.**

매력적인 프레젠테이션 화면을 제작하라. 파워포인트는 슬라이드를 기반으로 하여 아이디어를 순차적으로 전개해 나가는 방식이다. 발표의 큰 주제부터 세부 주제까지 모두 구상하고 난 뒤에 슬라이드를 만들기 때문에 굉장히 논리적이라는 장점이 있다. 그러나 시각적 효과가 굉장히 미미하기 때문에 발표자의 말이 끝날 때까지 정적인 화면을 계속 쳐다봐야 하므로 지루하거나 집중이 잘 안 된다는 단점이 있다. 그러므로 애니메이션 효과, 시청각 자료 등을 활용하여 청중이 지루할 틈을 주어서는 안 된다.

최근 프레젠테이션에서 많이 활용하는 프레지(Prezi)는 다양한 이미지를 재미있게 구성해서 플래시로 저장하거나 웹으로 볼 수 있어서 사용이 편리하다. 또한 줌 효과로 화면을 전환하는 인터페이스로 유명하다. 프레지는 줌 인과 줌 아웃을 통해 스토리텔링하듯 이야기를 풀어서 설명할 때 유용하다. 그러나 애니메이션 기능이 부족하고 수치자료를 많이 삽입하기 어렵다. 글꼴도 많지 않다.

발표 목적에 적합한 프레젠테이션 툴을 결정했다면, 구성된 발표 내용에 맞추어 슬라이드를 만들어야 할 것이다. 이때 발표 내용을 가장 효과적으로 보여 줄 수 있는 인용구, 사진, 그림, 애니메이션, 효과음, 동영상 등이 필요하다. 발표 내용과 시각자료가 잘 맞물리면 발표 내용이 청중에게 잘 전달되지만, 조금이라도 맞지 않으면 오히려 발표 효과를 떨어뜨릴 수 있으므로 주의하도록 한다.

청중의 나이, 성별, 규모에 따라 시각자료의 세부적인 디자인(색상, 글자 크기, 글꼴, 붙임 자료 등)도 신경써야 한다.

⑦ 클로징을 단순화하라.

청중이 발표를 통해 얻은 느낌이 흐트러지지 않도록 최소한 말을 아끼고 단순화해야 한다. 효과적인 방법으로는 핵심을 다시 한 번 강조하거나, 핵심을 대변할 수 있는 인용구를 활용한다. 그리고 가급적이면 딱딱한 이야기보다는 감성적인 메시지를 전달하는 것이 좋다. 절대 새로운 이야기를 꺼내서는 안 된다.

(3) 리허설

지금까지 준비한 발표를 청중에게 성공적으로 전달하기 위해서 점검해야 할 것들이 있다. 먼저 노트북, 음향기기, 빔 프로젝트 등 장비들을 점검하고 발표 자료가 이상 없이 청중에게 잘 전달되는지 확인해야 한다. 그리고 발표할 내용에 맞추어 발표 무대의 어디에 서서 시작하고 어디로 이동할 것인지, 이야기에 맞는 적절한 제스처는 무엇인지 생각하고 연습해 두어야 한다. 발표에 맞는 의상도 미리 준비한다. 극적으로 청중에게 다가가기 위하여 음향 효과를 준비하여 슬라이드에 넣기도 한다. 청중의 오감을 자극할 수 있는 다양한 방법을 동원하여 발표 준비를 마쳤으면 마치 무대에 오르는 배우처럼 발표 전에 리허설을 해보는 것이 좋다. 프레젠테이션은 잘 쓰인 각본과 잘 짜인 연출, 뛰어난 연기자를 통해 감동을 주는 한 편의 짧은 드라마와 같다고 볼 수 있다.

대학생의 발표 준비

대학과정에서 발표는 필수요소이다. 따라서 대학생들에게 필요한 항목들을 제시하였다.

1) 자료 구성의 원칙

- **전체 그림 그리기:** 전체 내용의 그림을 먼저 그려본다. 포스트잇 같은 메모지에 발표에서 다룰 핵심 내용과 구체적인 사항들을 적어 놓는다. 그리고 메모지를 다양하게 배열하면서 전체 흐름을 파악해 보도록 한다.

- **핵심 설명 후 부연 설명하기:** 발표할 때는 중심 문장을 먼저 제시한 후 관련 내용을 설명하는 연역적 방법이 더 효과적이다. 따라서 중심 사항을 먼저 언급한 다음, 자세한 내용 설명과 사례, 적용 등의 순서로 발표를 전개한다.

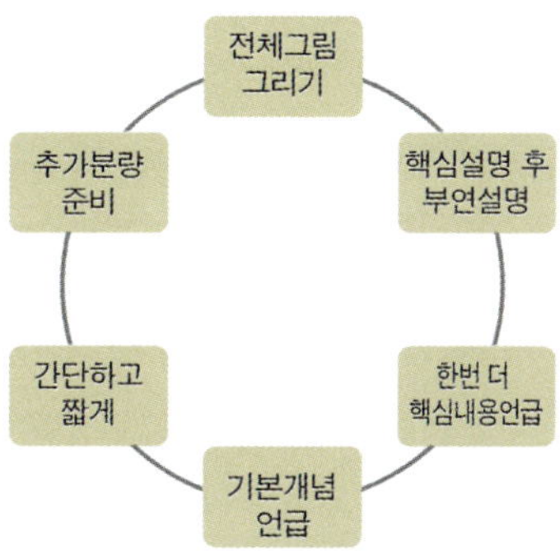

- **한 번 더 핵심 내용을 언급하기**: 발표자가 마지막에 이야기하고자 하는 핵심 내용을 처음에 먼저 안내하면, 청중들과 핵심 내용을 공유하면서 발표를 진행할 수 있어 도움이 된다. 따라서 마지막에 정리하면서 제시할 핵심 내용 서너 가지를 발표 처음에 소개하도록 한다.

- **기본 개념 언급하기**: 모든 청중이 발표 내용과 관련한 기본 개념을 알고 있을 수는 없다. 기본 개념을 기억하지 못하는 청중에는 발표 내용을 잘 이해할 수 없다. 따라서 발표 초반에 기본 개념을 짧게 설명해 주고 시작하면 청중이 내용을 보다 잘 이해하는 데 도움을 줄 수 있다.

- **간단하게, 짧게**: 자료 구성은 단순하고 간단하게 즉 'Simple and Short', 2S 원칙 하에 하는 것이 좋다. 문장은 짧을수록 개념을 전달하기 수월하다.

- **추가 분량 준비하기**: 준비한 발표가 예상했던 시간보다 일찍 끝날 수 있다. 또한 발표 내용에 언급되지 않은 내용을 청중이 질문할 수 있다. 이런 경우를 대비하여 준비한 분량보다 10% 정도 추가로 발표 내용을 준비한다. 청중의 질문이나 추가 자료 요구에 효과적으로 대처할 수 있을 뿐 아니라, 발표자도 심리적으로 안정감을 가질 수 있다.

2) 자료 제작의 기본

자료를 제작할 때의 기본은 청중의 입장에서 생각해야 한다는 것이다. 시각 자료를 만들 때에도 청중에게 어떤 내용을 전달할 것인가 보다는 청중에게 어떤 정보가 유용하겠는가를 먼저 생각하는 것이 필요하다. 시각 자료는 발표자의 발표를 들으면서 동시에 보는 것이므로 제시되는 제목과 내용, 그림이 한 눈에 쉽게 들어오고 이해될 수 있어야 한다. 따라서 전달하려는 내용을 명확하면서도 간결하게 논리적으로 작성하여야 한다.

- **전체 분량**: 파워포인트 자료의 전체 분량을 정할 때는 한 슬라이드 당 1~2분 정도로 산정하는 것이 좋다. 만약 지나치게 많은 슬라이드를 제작한 경우에는 설명하면서 모든 슬라이드를 보여줄 수 없거나, 시간에 맞추기 위하여 슬라이드를 지나치게 빨리 넘기는 등 실수를 할 수 있다.

- **화면의 분량**: 간혹 일부 파워포인트 자료를 보면 한 문장 또는 단락을 화면 가득 채워 넣는 경우가 있다. 하지만, 이런 자료의 경우에는 알아보기도 어렵고, 한참 살펴봐야 이해된다. 파워포인트 자료의 전제는 발표와 함께 보는 것이므로 다음을 고려하면서 자료의 분량을 맞추도록 한다.
  - 긴 문장보다는 짧은 문장을 사용
  - 제목 길이는 5개 단어 이내로

- 시각 자료에서 마침표는 사고의 흐름을 방해할 수 있으므로 생략
- 한 줄에 7(±2)단어 이상, 7(±2)줄 이상 내용을 담지 않는다. 이것을 '7×7규칙'이라고 한다.
- 내용이 너무 길어 한 화면에 담을 수 없다면, 다음 화면으로 이어갈 수밖에 없다. 이런 경우에는 '계속'이라는 말을 화면 오른쪽 아래에 써준다.

• **자료의 정렬**: 자료를 작성할 때는 왼쪽 정렬을 주로 사용한다. 우리나라에서 글을 읽을 때 왼쪽부터 읽기 때문이다. 따라서 왼쪽 정렬을 사용하면 보는 사람이 문장의 첫 머리를 빠르게 찾아 읽을 수 있으므로 쉽게 파악할 수 있으므로 프레젠테이션 자료에서 가장 적합한 정렬 형태다. 오른쪽 정렬을 사용할 때는 화면에 담는 내용의 양이 적거나, 특별히 주의를 끌 때 적합하다. 가운데 정렬은 제목이나 부제목에 많이 사용하며, 두세 줄 이상 되면 읽기 힘들기 때문에 많이 사용하지 않도록 한다.

• **천천히 정확하게**: 무조건 빨리 말하는 것이 능사는 아니다. 평소 말하는 것보다는 천천히, 그리고 발음을 명확하게 해야 한다. 덜 중요한 부분은 평소대로 말하면서 낮은 목소리로, 중요한 부분은 천천히, 또박또박 말하면서 보다 큰 목소리로 말하면 좋다. 아울러 내용에 알맞은 손짓이나 몸짓을 익혀두는 것도 좋다. 손짓과 몸짓이 전혀 없이 발표한다면 자칫 무료한 인상을 줄 수 있다. 따라서 적절한 손짓과 몸짓을 익혀두고, 사용할 위치를 미리 정해두면 좋다.

• **녹음 및 녹화 활용하기**: 평소의 발표 모습을 녹음하거나 녹화하면 피드백을 얻는 데 가장 효과적이다. 미처 발견하지 못했던 여러 문제점을 찾아낼 수 있다. 예를 들면 말하는 속도가 지나치게 빠르거나, 시선 처리가 부자연스러운 단점을 확인할 수 있다.

4) 발표할 때 주의사항

• **여유 있는 발걸음으로**: 발표하기 전, 자리에서 나올 때는 급하게 뛰거나 종종 걸음으로 나오지 말고, 여유 있는 몸가짐으로 침착하게 나오도록 한다. 발표 자리에 섰을 때는 급하게 시작하지 말고, 먼저 청중들에게 고루 시선을 주고 반응을 살핀 다음 정중하게 인사하고 발표를 시작한다. 만약 발표 전에 목이 마르다면 물을 한 잔 마셔도 되고, 소란스러운 청중들이 진정될 때까지 잠시 기다리는 것도 좋다.

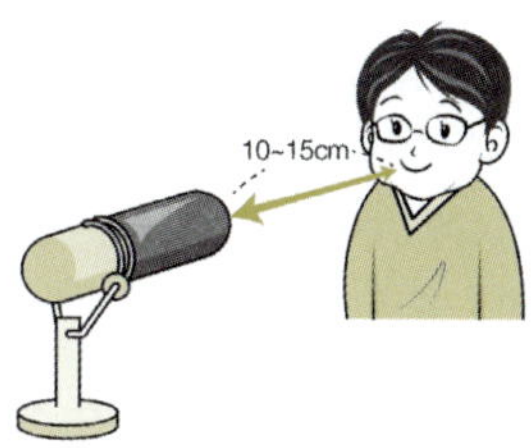

- **음량은 적당하게**: 앞자리 사람들을 압도하지 않으면서 뒷자리까지 잘 들리는 음성이 적당한 음량이다. 음량 조절은 서론을 말하면서 뒷자리 사람들의 반응을 보아가며 조절하거나, 이전의 다른 발표자를 보면서 조절하면 좋다. 마이크를 사용할 경우에는 보통 10~15㎝ 정도 거리를 두는 것이 적당하다.
- **글자체와 색깔**: 눈을 피로하게 하는 원색의 바탕색은 피하는 것이 좋고 세 가지 이상의 색상을 한 화면에 사용하는 것은 좋지 않다. 글자의 크기는 기본적으로 18포인트 이상을 사용하는 것이 좋다. 너무 작은 크기는 화면에서 알아보기 어렵고, 한 눈에 들어오지 않는다. 글자체를 선택할 때는 먼저 컴퓨터에 기본적으로 설치되어 있는 서체를 사용하는 것이 좋다. 간혹 개성 있는 글자체를 사용하고자 하는 경우가 있는데, 다른 컴퓨터에 해당 서체가 설치되어 있지 않은 경우 낭패를 볼 수 있다. 기울임꼴(이탤릭체, Italic)은 주로 인용구에 사용한다. 읽기 힘들기 때문에 이외에는 사용을 자제하는 것이 좋다. 윤곽이나 그림자는 산만해 보이고 읽기 힘들기 때문에 사용하지 않는 것이 좋다. 주황이나 빨간색은 확대나 투사 시 번짐 현상이 일어나 알아보기 힘들기 때문에 가급적 사용하지 않는 것이 좋다.
- **슬라이드 번호**: 발표자나 청중 모두를 위하여 각 화면 오른쪽 아래에 슬라이드 번호를 붙여주는 것이 좋다. 이는 책의 쪽 번호와 같은 원리이다. (예) – 1/10 –

5) 발표연습 시 고려사항

발표를 하기 전에는 반드시 연습하는 것이 좋다. 꾸준한 연습은 실전에서 최상의 성과를 보장한다.

- **전체 내용 숙지하기**: 연습하면서 전체 내용을 머릿속에 숙지하도록 한다. 세세한 원고 내용을 다 외우지는 못하더라도, 전체적으로 발표 내용이 어떻게 구성되어 있는지 알아두어야 한다.
- **거울 앞에서 연습하기**: 자신의 발표를 보고 피드백해 줄 사람이 있다면 좋지만, 그렇지 못하다면 거울을 활용해도 좋다. 거울을 활용할 때는 가급적 전신이 모두 보일 수 있도록 배치한다. 발표를 하면서 부자연스럽고 부적절한 몸짓이나 손짓, 표정이 없는지 살펴본다.

- **'멈춤'을 이용하자**: 발표할 때 적당한 곳에서 멈추는 방법을 통해 내용을 강조하거나 변화를 알릴 수 있다. 연습할 때 원고에 /(한 박자 쉼), //(두 박자 쉼) 등 표시를 하면 도움이 된다.

(예) 여러분 / 안녕하십니까? // 오늘 발표를 하게 된 / ○○○ / 입니다. //

- **태도는 바르게:** 발표할 때 다리는 약간 벌리고, 무릎과 등뼈를 똑바로 편다. 친밀감과 솔직함을 나타내기 위해서 턱은 앞으로 약간 당겨준다. 손은 흔들지 않을 자신이 있으면 자연스럽게 옆으로 늘어뜨리고, 그렇지 않다면 가볍게 모아 잡는 것이 좋다. 발표자가 침착하지 못하게 몸을 흔들거나 종이나 펜을 들었다 놨다 하고, 단상에서 왔다 갔다 한다면 청중은 불안감을 느끼고, 내용에 집중하기 어렵다.

- **시선은 고르게:** 시선은 청중을 향하는데 한 곳만 응시하는 것은 다른 청중을 소외하는 느낌을 줄 수 있으므로 실례가 된다. 따라서 청중들을 고루 응시하며 시선을 주는 것이 좋다. 그러나 너무 자주 시선을 바꿀 경우 오히려 청중에게 불안감과 혼란을 줄 수 있으므로 유의해야 한다. 한편 시청각 자료를 이용하여 발표할 경우 자료만 보며 하는 경우가 있는데, 이것은 청중에게 실례가 된다. 따라서 청중을 보면서 해야 교감이 생긴다는 것을 잊지 않도록 해야 한다.

- **청중의 반응을 살피자:** 발표를 하면서 청중들의 반응을 살펴보자. 청중들이 지루해 하면 조금 빨리 진행하고, 재미있는 이야기를 중간에 넣는 방법을 통해 분위기를 전환하는 방법이 있다. 아니면 발표 자료에 나와 있는 자료보다는 보충 설명 중심으로 발표하는 방법도 있다.

- **어려운 질문에 맞닥뜨릴 때:** 원래 발표를 준비할 때는 발표 후 나올 질문을 미리 예상하고 답변을 준비해야 한다. 하지만 미처 준비하지 못한 부분에서 어려운 질문에 맞닥뜨렸을 경우에는 당황하지 말고 "미처 고려해 보지 못한 질문입니다"라고 말한 후 답변할 수 있는 부분 안에서 최대한 이야기하도록 한다.

3 학습정리

성찰하기

■ 100자표현

나를 표현하는 이미지를 검색하거나 사진을 찍는다. 정확히 100자로 자신을 표현하는 글을 적는다. 팀별로 발표를 한다. 어떻게 하면 멋지게 발표할 수 있을지 서로 피드백 해준다.

내가 받은 피드백 적어보기

■ 상품소개 프레젠테이션

배운 내용을 단계별 적용하여 팀별로 하나의 물건을 선정하여 소개하는 프레젠테이션 준비를 해보자.

3P 분석

상품의 좋은 점

구조화하기

발표하기(발표를 위한 의상, 음향, 제스처, 시각자료 등의 계획)

■ 학습한 것을 토대로 그동안 나의 의사표현을 생각해 보고 앞으로 어떻게 해야 할지 정리해 보자.

제거(eliminate)	증가(raise)
감소(reduce)	시도(create)

프레젠테이션 체크리스트

단계	세부항목	의견
3P 분석	청중 분석 - 인원수, 기대사항, 성별 등	
	시간, 장소	
	발표목적	
발표준비	필요한 정보 - 기사, 조사결과 등	
	발표자료- 논리적 구성	
	시각자료, 음향 등	
	오프닝, 클로징	
	예상 질문, 반응	
발표 리허설	의상 점검	
	발표 장소 점검 - 책걸상 개수와 배치, 마이크, 실내 온도, 조명, 음향, 빔 프로젝터, 컴퓨터	
	발표 내용	
	청중 점검	
기타		

자기 평가 체크리스트

항목	자기 평가 및 의견
목적 달성	1 2 3 4 5 6 7 8 9 10 의견 :
AV기기 사용법	1 2 3 4 5 6 7 8 9 10 의견 :
자세	1 2 3 4 5 6 7 8 9 10 의견 :
제스처	1 2 3 4 5 6 7 8 9 10 의견 :
목소리	1 2 3 4 5 6 7 8 9 10 의견 :
억양, 발음	1 2 3 4 5 6 7 8 9 10 의견 :
청중 흡입력	1 2 3 4 5 6 7 8 9 10 의견 :
기타	1 2 3 4 5 6 7 8 9 10 의견 :

04부

문서이해 및 작성능력

개관

문서이해능력은 직장생활에서 접하는 많은 문서 중 필요한 문서를 확인하고, 복잡하고 다양한 문서를 읽고 내용을 이해하여 요점을 파악하는 능력으로서, 직장인에게 필수적인 능력이다. 문서작성능력은 업무의 목적과 상황에 적합한 아이디어나 정보를 전달할 수 있도록 문서를 작성할 수 있는 능력을 말한다. 문서이해와 작성능력은 대학생활 및 직장생활의 업무향상을 위해 요구되는 능력이다.

학습목표

1. 문서이해 및 작성의 개념 및 중요성을 설명할 수 있다.
2. 다양한 문서의 종류와 양식을 이해할 수 있다.
3. 문서이해 및 작성 시 주의사항을 설명할 수 있다.
4. 효과적인 문서이해 및 작성방법을 설명할 수 있다.

Ice-Break: 암호 풀기

팀 전체가 단결하여, 각 가로줄의 공통점이나 관련성을 가지고 있는 단어와 행간의 의미를 통해 새로운 힌트를 찾아 세로로 된 5음절와 7음절의 정답을 완성된다. 가장 빨리 푼 팀이 이긴다.

1. 암호문 풀이

	두 개, 입술 속, 이빨, 2
	빨래, 바둑, 레코드, 도박
	반지, 열전도율의 첫 번째 것, 은하수 따라 가버린 사랑
	어? 없다, 아침안개, 無
	충성! 인간의 근본, 부모님께! 있을 때 잘해!

2. 암호문 풀이

	소, 오른쪽, 우유, 피자 빵, 어리석음
	떠나다, 이치, 아주 작은 마을, 봄에 피는 노란 꽃, 노르웨이 수학자.
	nwn, 극, 조사, 가를 따라다닌다?, 은과 형제
	두부, 머리카락, 꼭짓점, 프랑스 북부 센에마른 주에 있는 도시
	머리, 하자. 프랑스 동부 지방에 있는 주. two, 호식이 치킨
	아래, 웃음소리, 여름, 런닝맨 멤버 이름
	너, 게으르다, PRODUCE 101, me

생각정리

■ 나의 생각을 먼저 정리해 보고 토의를 통해 개념을 정의해 보자.

	문서이해 및 작성이란 무엇인가?
나의 생각	
팀원의 생각	

	문서의 종류는 무엇이 있는가?
나의 생각	
팀원의 생각	

제 10장 문서의 이해

1 문서의 개념과 중요성

소통은 언어적인 소통과 비언어적인 소통으로 나눌 수 있는데, 그 중 언어적인 의사소통은 구두로 이루어지는 대화와 문자로 이루어지는 문서로 나눌 수 있다. 문서란 제안서, 보고서, 기획서, 편지, 이메일, 팩스, 메모, 공지 사항 등 문자로 구성된 모든 것을 말한다. 일반적으로 모든 조직에서 공식적인 의사소통은 문서로 이루어진다. 문서의 목적은 크게 정보전달, 설득, 근거자료 3가지로 나누어 볼 수 있다. 첫째, 회사나 개인의 정보를 전달하려는 목적이다. 이런 전달은 정확한 사실로 이루어져야 한다. 둘째, 업무를 어떻게 혁신적으로 개선할지 제안하거나 새로운 프로젝트를 기획하는 설득하기 위한 문서이다. 마지막으로 사무 처리 기록을 보존하여 의사결정을 위한 증거자료 또는 업무 처리 현황을 파악하는 근거자료로서의 목적이 있다.

> 문서이해능력이란 직업현장에서 자신의 업무와 관련된 인쇄물이나 기호화된 정보 등 필요한 문서를 확인하여 읽은 내용을 이해하고, 요점을 파악하는 능력이다

출처: NCS직업기초능력

문서이해능력이 부족하면 자신에게 주어진 업무가 무엇인지, 자신에게 요구된 행동이 무엇인지 파악하기 어려워 원활한 업무수행이 어렵다. 따라서 다양하게 주어지는

문서를 보다 정확하고 빠르게 이해하고 능력이 필요하다.

문서를 이해하는 것보다 더 어려운 것이 문서를 작성하는 것이다. 그 이유는 남을 글을 읽는 것에 비해 자신의 생각을 쓰는 기회가 적었기 때문이다. 문서작성능력이란 직장생활에서 요구되는 업무의 목적과 상황에 적합한 아이디어나 정보를 전달할 수 있도록 문서를 작성할 수 있는 능력을 말한다. 직장인에게 문서작성능력은 자신의 업무 능력을 평가받는 잣대가 될 수 있다. 따라서 글쓰기를 통해 자신의 생각을 구체적이고 논리적으로 정리하여 이해하기 쉽게 표현할 수 있어야 한다. 직장생활에서 업무와 관련된 문서의 작성은 조직의 비전을 실현시키는 생존을 위한 것이라 할 수 있다.

직장인이 처리해야 할 문서는 매우 다양하고 그 양이 방대하다. 예비 직장인으로서 대학생들은 문서의 종류와 특성을 이해하고 업무를 효율적으로 처리하기 위한 방법을 미리 익히는 것이 필요하다.

2 상황에 따른 문서작성

첫째, 요청이나 확인을 부탁하는 경우

공문서는 반드시 일정한 양식과 격식을 갖추어 작성하여야 한다.

둘째, 정보제공을 위한 경우

업무추진을 통해 일의 성과를 높이기 위해서는 적시에 유용한 정보를 제공할 수 있어야 한다.

① 회사 자체에 대한 인력보유 홍보나 기업정보를 제공하는 경우 : 홍보물, 보도자료

② 제품, 서비스에 대한 정보를 제공하는 경우 : 취급 설명서, 제품안내 설명서

③ 정보제공을 위한 경우 : 시각적인 자료

셋째, 명령이나 지시가 필요한 경우

업무지시서를 작성할 때 상황에 적합하고 명확한 내용을 작성할 수 있어야 한다.

넷째, 제안이나 기획을 할 경우

제안서나 기획서의 목적은 업무를 어떻게 혁신적으로 개선할지, 어떤 방향으로 추진할지에 대한 의견을 제시하는 것이다.

다섯째, 약속이나 추천을 위한 경우

① 약속은 고객이나 소비자에게 제품의 이용에 관한 정보를 제공하고자 할 때

② 추천은 다른 회사에 지원하거거나 이직을 하고자 할 때

3 문서의 종류

1) 공문서

공문서란 행정기관에서 대내적, 혹은 대외적 공무를 집행하기 위해 작성하는 문서를 의미한다. 정부기관이 일반 회사 또는 단체로부터 접수한 문서 및 일반 회사에서 정부기관을 상대로 사업을 진행하려고 할 때 작성하는 문서도 포함된다. 엄격한 규격과 양식에 따라 정당한 권리를 가지는 사람이 작성해야 하며, 최종 결재권자의 결재가 있어야 문서로서의 기능이 성립된다.

(1) 공문서의 분류

① 대내문서 : 당해 기관 안에서 보조 및 보좌 기간 내에 업무협조를 위한 용도나 통지를 위하여 사용하는 문서

② 대외문서 : 자체기관 외에 외부 단체나 행정기관, 국민들에게 보내거나 활용되는 문서

③ 내부 결재 문서 : 자체적으로 계획을 세우고 처리방침에 대해 검토하고 보고하기 위해 결재를 받는 문서

(2) 공문서의 구성요소

① 두문 : 발신기관명(우편번호와 주소, 전화번호, 팩스번호)과 분류기호 및 문서 번호, 시행일자(보존기간), 수신란

② 본문 : 제목과 내용, 붙임(첨부물 표시)

③ 결문 : 발신명의와 수신처란

(3) 공문서의 작성 방법

공문서를 작성하기 위해서는 공문서의 목적을 파악한 후 정보를 수집하여 초안을 작성한다. 이때 수집한 정보를 기반으로 기안 목적에 맞게 작성하되 본안을 작성할 때에는 중점 내용에 대안 문장을 분명히 하여 상대방이 쉽게 이해할 수 있도록 표현해야 한다. 끝으로 작성이 완료된 후에는 반드시 내용을 검토하여 잘못된 부분이나 불필요한 부분은 삭제하도록 한다.

(4) 공문서의 작성 요령

공문서를 작성할 때에는 육하원칙에 의거하여 작성하되, 가급적 어려운 용어나 한자어는 지양하고, 내용이나 주제가 일관성을 유지할 수 있어야 한다. 이와 더불어 용지와 서식을 통일하여 작성할 필요가 있다.

① 날짜 작성 시 유의사항

- 연도와 월일을 반드시 함께 기입한다.
- 날짜 다음에 괄호를 사용할 경우에는 마침표를 찍지 않는다.

② 내용 작성 시 유의사항

- 한 장에 담아내는 것이 원칙이다.
- 마지막엔 반드시 '끝'자로 마무리한다.

• 복잡한 내용은 항목별로 구분한다('–다음–', '–아래–').

• 대외문서나 장기간 보관되는 문서의 성격에 따라 정확하게 기술한다.

2) 기획서

기획서란 지금까지 회사에 도입되지 않았던 새로운 제도나 업무개선을 위한 제안, 신제품의 개발 및 판매를 위한 마케팅 계획, 인사 및 총무에 대한 개선책 등 기업에서 일어날 수 있는 다양한 일들에 대해 구체적으로 계획을 수립하여 제출하는 문서를 의미한다.

(1) 기획서의 분류

① 사내 대상 기획서

• 인사·총무 : 교육 및 연수 계획 / 사내 개선안 / 행사 계획서 등

• 경영 : 경역계획 / 신규 사업계획 / 자금 계획 등

② 사외 대상 기획서

• 광고 계획 / 신상품 판매 계획 / 점포 개발 계획 등 기획서의 종류

(2) 기획서의 종류

① 사업 제안서 / 사업 요약서 : 정부 및 관공서 등에서 입찰 공모를 할 경우 기업에서는 사업의 성향에 따라 프로젝트 그룹을 결성하여 공모의 평가를 위한 사업 제안서 및 입찰의 확립을 위한 사업 요약서 등을 기획하여 제출해야 한다. 사업 제안서와 사업 요약서는 특정기간 내에 기획 작업을 실시해야 하며 평가항목에 맞추어 콘셉트를 정하고 좋은 점수를 받기 위해 전문적이고 구체적인 기획서로 작성해야 한다.

② 프로젝트 제안서 / 사업 기획서 : 프로젝트 추진 및 기업 간 사업수주 등을 위한

기획서로 제출용과 발표용 등 용도를 따로 구분하여 작성하며 프로젝트 및 사업의 성격에 맞춘 검증된 자료를 통해 시장 분석 및 제안 목적 등을 명확히 밝혀야 한다.

③ 투자유치서 / IR : 기업을 소개하고 투자를 유치하기 위해 투자자들을 대상으로 사업설명회에서 기업의 주요 정보나 앞으로의 방향성 등을 정확하게 제시하고 전달하기 위한 기획서의 일종이다. 투자자들이 관심을 갖고 볼 수 있도록 이미지와 도형 등 효과적 표현을 사용하여 강한 인상을 심어 주어야 하며, 객관적 자료를 통해 기업의 신뢰성을 확보해야 한다.

④ 상품소개서 / 기업홍보 : 기업의 이미지 및 상품을 효과적으로 홍보하기 위한 기획서로 보통 프레젠테이션을 위한 파워포인트로 제작된다. 홍보를 위한 자료이기에 발표용과 배포용을 구분하여 작성해야 하며 전달력을 높이기 위해 효과적인 표현방법을 사용하여야 한다.

(3) 기획서의 구성요소

① 표지 : 명칭, 입안자, 머리말, 목차

② 도입 : 기획 목적, 기획 배경, 기대 효과, 기획의 개요

③ 본론 : 기획 내용, 실시계획, 예산

④ 보조 : 환경변수에 대한 대책, 관계 자료

(4) 기획서의 작성법

① 문장기법

가. 논리적으로 작성할 것

- 선결후론, 혹은 기승전결 등의 논리적 구조를 가질 것.
- 장, 절, 항 등이 적절하게 구분되어 있을 것.
- 사실과 의견을 구분하여 정리할 것.

나. 간결하게 작성할 것

- 문장을 길게 늘어뜨리지 말고 짧게 끊어서 쓸 것.
- 접속사, 부사, 형용사의 사용을 최소화 할 것.

다. 명확하게 작성할 것

- 사실에 입각하여 작성하며 정서적 표현은 피할 것.
- 문체나 용어를 통일.
- 전문용어를 사용할 경우 주석을 덧붙일 것.

② 도형 및 이미지 효과

가. 시각적 효과

- 문서의 흐름이나 이미지의 가독성이 높아진다.
- 부분과 전체가 명확해진다.
- 핵심사항과 요점을 정확히 파악할 수 있다.
- 쓰고자 하는 생각이나 사실을 구조화 및 조직화하는 데 도움이 된다.

나. 이미지 및 도형 작성법

- 개념도, 그래프, 레이아웃 등을 구상할 것.
- 전문 부분을 도형화할 때에는 주석 등에 추가 정보를 기입하여 내용을 보완할 것.
- 시각화에 사용되는 기기나 공간에 따라 구상할 것.
- 시각자료를 최대한 많이 활용하고 연구하여 가장 적합한 모델을 선정할 것.

(4) 기획서의 완성 후 검토사항

① 오타 및 오류 검증 : 기획서가 완성되면 전체적인 내용을 여러 번 검토하여 자신이 의도한 바와 내용이 일치하는지, 자의적으로 데이터를 해석하지 않았는지, 숫자나 계산에 오류가 있는지 등을 살펴봐야 한다. 기획서 제출 시 내용 중 오타가

있을 경우, 상대방에게 신뢰성을 하락시키거나 목적을 관철하는 어려움이 따를 수 있으므로 기획서는 제출하기 전에 반드시 오타 검증을 해야 한다.

② 논리의 일관성 : 기획서는 문제점에 대한 현황 파악 부분부터 기획 목적, 기획 전략, 구체적인 실행 계획까지 모든 부분에 걸쳐 논리의 일관성이 필요하다. 따라서 기획서를 검토할 때에는 기승전결이 명확한지, 강조할 부분이 강조되었는지, 글자체가 통일되었는지 등을 고려해야 한다.

③ 실현 가능한 계획 : 아무리 잘된 기획서라도 실현 가능성이 없거나 상대방에게 납득하기 어려운 내용이라면 기획서의 본질 자체가 흔들릴 수 있다. 따라서 기획서는 실행 가능한 계획인지, 기획을 실행하기 위한 스케줄이 무리가 없는지, 비용은 적절한지 등을 잘 유념해 두어야 한다.

(5) 기획서 작성 시 유의사항

① 구성과 형식을 고려하여 작성한다.

- 수신인, 날짜, 제출자 이름은 형식에 맞게 작성한다.
- 제목은 일반 내용에 비해 크게 하거나 볼드 처리를 하여 가독성이 좋도록 작성하며, 특별히 중요한 내용이 아닐 경우 밑줄은 가능하면 사용하지 않는다.
- 스케줄과 커리큘럼 등은 표나 도형으로 만들어 작성한다.
- 붙임자료가 있을 경우 내용 마지막 부분에 첨부한다.

② 논리적으로 내용을 정리한다.

- 기획서는 가능한 짧고 명료하게 작성한다.
- 자신의 생각을 구체적으로 명시하되 중복되는 내용은 피한다.
- 문제점을 여러 관점에서 검토하여 작성하면 도움이 된다.
- 막연한 서술은 내용전달에 어려움이 따를 수 있으므로 표나 도형을 통해 내용을 전달한다.

③ **상대방이 이해하기 쉽도록 작성한다.**

- 자신의 생각을 타인에게 이해시킨다는 관점에서 기획서를 작성해야 한다.
- 일정한 형식과 지면배정을 잘 구성하여 논리정연하게 작성한다.
- 내용은 이해하기 쉽고, 앞뒤 내용에 모순이 없도록 작성한다.

3) 기안서

기안서란 어떤 사항의 문제해결 방안을 작성하여 결재권자에게 의사결정을 요청하는 문서이다. 기업의 형태, 종류, 업무의 내용에 따라 다를 수 있으나, 통상 상급자의 지시사항을 처리하거나 자신의 업무 발안, 규정의 변경 등에 이용되고 있다.

(1) 기안서의 분류

① 대내문서 : 회사 또는 단체에서 내부적으로 계획을 수립하거나 처리 방침을 보고 또는 검토하기 위하여 결재를 받는 문서로 부서 간 상호협조나 보고 또는 통지를 위하여 작성하는 문서

② 대외문서 : 내부에서 결정된 사항을 회사 또는 단체 간에 발송하고 수발하는 문서

③ 전자문서 : 컴퓨터 등 전자적인 형태로 작성하거나 송수신 또는 저장된 문서

(2) 기안서의 구성요소

① 발신기관 : 해당 문서를 발신하는 기관의 명칭을 기재하고 주소, 전화번호, 팩스번호, 담당자를 함께 기재한다.

② 문서번호 : 문서번호는 문서가 작성된 후 등록·발송 시 부여하는 것으로서 부서별로 문서등록대장의 순서에 따라 연도별 일련번호를 붙이거나 문서 발송번호를 기입하여 사용할 수 있다. 문서번호는 문서관리의 전산 및 문서검색을 용이하게 하여 문서의 관리 및 이용을 편리하게 한다.

③ 시행일자 : 시행일자란 문서가 효력을 발생하는 날짜를 말하는 것으로 일반적으로 최종 결재권자의 결재 후 효력이 발생함으로 최종 결재일을 기재한다.

④ 보존기간 : 기안문서의 보존기간은 공문서의 분류 및 보존에 관한 규칙에 따라 영구보존, 30년, 20년, 10년, 5년, 3년, 1년 등으로 나누어 그 기간을 규정하고 있다. 내부규정에 의하여 기재하거나 보존기간의 기재를 생략할 수 있다.

⑤ 수신기관 : 수신기관에 앞서 경유할 기관이 있는 경우 '경유'란에 그 기관명을 기재하고, 수신하는 곳에 수신기관명을 기재하되 내부의 기안문서일 경우 내부결재라 기재하면 된다. '참조'란에는 문서를 직접 접수, 처리할 부서의 실무책임자의 직명을 기재하되 문서를 처리할 최하위 보존기간의 주무부서장(과장급)을 기재하면 된다.

⑥ 문서처리인 : 문서처리인은 취급에 관한 사항과 기관장, 보존기간, 보조기관, 기안자, 협조(기안문의 내용이 다른 기관의 업무와 관련이 있을 경우 그 기관의 협조를 받아야 하므로 협조자의 직위와 서명)로 구성된다.

⑦ 기안제목 : 기안문의 제목은 전체 내용을 한눈에 파악할 수 있도록 간단명료하게 기재하되 전달하고자 하는 핵심적인 사항을 알 수 있도록 한다.

⑧ 본문내용 : 내용은 전문과 주문 및 말문으로 구성하여 작성하되 상대에게 전달하고자 하는 내용을 육하원칙에 따라 간단명료하게 작성해야 한다.

⑨ 추신과 붙임 : 추신은 통상 본문 중에 내용을 빠뜨리거나 강조하고자 할 때 본문 하단에 본문과 구분하여 기재하고, 붙임은 동 문서와 관련하여 첨부하여야 할 참고자료 등이 첨부될 때 붙임자료의 명칭과 수량(부수)을 기재한다.

⑩ 발신명 : 문서의 발신은 발신기관의 기관장 명의로 발신하고 내부문서인 경우에는 부서장으로 할 수 있다.

⑪ 수신처 : 문서의 발신은 발신기관의 기관장 명의로 발신하고 내부문서인 경우에는 부서장으로 할 수 있다.

(3) 기안서의 작성법

① 작성 전 준비사항

기안서를 작성하기에 앞서 목적을 파악하는 것이 중요하다. 즉, 기안문을 작성하는 목적과 작성 이유, 기대효과, 결재권자의 의도 및 지시내용을 숙지하고 이에 따른 관련 규정 및 참고 문헌을 찾아 정보를 수집한 후 이를 이용하여 기안 목적에 맞는 초안을 작성해야 한다. 수집 · 정리한 정보는 기안의 목적에 맞도록 초안을 작성하고 논리의 일관성을 유지할 수 있도록 검토한다.

② 작성 시 구성요령

기안자는 기안문의 주요내용을 분명히 하여 문장을 구성하고 간단명료하고 이해하기 쉽게 본안을 작성한 후 잘못된 부분이나 불필요한 부분 및 중요사항의 누락이 없는지 등을 꼼꼼히 확인하고 검토해야 한다. 기안문은 육하원칙에 의하여 정확하게 작성하되 이해하기 쉽고, 간결하고, 명확하게 작성해야 한다.

③ 작성 후 체크사항

기안 문서를 받아보는 사람의 입장에서 전달하고자 하는 내용이 쉽게 이해되는지 검토하고, 누락된 사항이나 다른 부분은 없는지, 불필요한 사항이 포함되지 않았는지 검토한다.

(4) 기안서 작성 시 유의사항

① 정확성

- 육하원칙에 의하여 작성한다.
- 애매한 표현이나 과장된 표현을 피한다.

② 신속성

- 문장은 짧게 끊어서 명료하게 쓴다.

• 가급적 먼저 결론을 쓰고 그 다음에 이유 또는 설명을 쓴다.

③ 용이성

• 읽기 쉽고 알기 쉬운 말을 쓴다.

• 한자의 전용이나 어려운 전문용어는 가급적 피한다. 한자 또는 전문용어를 쓸 필요가 있을 때에는 괄호를 사용하여 한자를 쓰거나 용어의 해설을 붙인다.

④ 경제성

• 반복적인 업무는 표준기안문을 활용한다.

• 용지의 규격 · 지질을 표준화한다.

• 서식을 통일한다.

• 문자를 부호화하여 활용한다.

⑤ 수신기관

• 경유 : 수신처에 앞서 경유할 기관이 있는 경우 해당 기관명을 기재한다. 경유가 있는 경우에는 먼저 경유기관으로 발송한다.

• 수신 : 수신기관이 한 기관인 경우는 그대로 수신 기관명을 기재하고, 수신기관이 둘 이상일 경우에는 '수신'란에 '수신처 참조'라고 작성한 뒤, 결문 발신명의 아래에 수신처 또는 기관명을 기입한다. 기관내부의 기안문일 경우는 '수신'란에 '내부결재'라고 기재한다.

• 참조 : 문서를 직접 처리할 최하위 보조기관, 즉, 주무부서장(과장급)을 기재한다.

• 발신 : 해당문서를 생산한 기관의 명칭을 말하며, 내부 결재 문서, 대내 문서, 대외문서에 상관없이 기안자가 소속된 기관의 명칭을 쓴다. 기관명은 용지 위에서 3cm, 글자길이는 최소한 6~8cm로, 글자간격은 고르게 하여 정중앙에 위치시킨다.

• 보존기간 : 기안문서의 보존기간은 '공문서 분류 및 보존에 관한 규칙'에 정해진

단위 업무별 보존기간을 기재하며, 명시되어 있지 않은 경우에는 일반기준에 따른다. 보존기간은 영구, 30년, 20년, 10년, 5년, 3년, 1년으로 구분하며 일반적으로 행정기관에서 사용한다.

4) 보고서

보고서란 어떤 일을 연구하여 밝혀진 내용이나, 업무사항 등을 타인에게 보고하기 위하여 작성하는 문서를 말한다. 보고서는 법규나 규정, 상사의 지시, 명령 등에 의하여 구두 · 전화 · 서면 등의 방법으로 일정한 의사를 전달하거나 자료를 제출하는 것으로 상향적 정보 흐름의 형태를 보인다.

(1) 보고서의 종류

① 영업보고서 : 재무제표와 달리 영업상황을 문장 형식으로 기재해 보고하는 문서

② 결산보고서 : 진행됐던 사안의 수입과 지출결과를 보고하는 문서

③ 일일업무보고서 : 매일의 업무를 보고하는 문서

④ 주간업무보고서 : 한 주간에 진행된 업무를 보고하는 문서

⑤ 출장보고서 : 회사 업무로 출장을 다녀와 외부 업무나 그 결과를 보고하는 문서

⑥ 회의보고서 : 회의 결과를 정리해 보고하는 문서

(2) 보고서의 작성법

① 목적설정 : 보고서 작성의 목적과 이유, 기대효과 결재권자의 의도 및 지시내용, 필요한 문서 등을 정확히 파악하고 제출하기까지의 진행순서를 정한다.

② 정보수집과 선택 : 관련규정, 법령, 사례, 통계, 참고문헌 등의 자료를 수집하고 보고서 작성에 필요한 내용을 조사 · 연구한 후, 보고서 작성의 목적에 따라 필요한 내용을 선택한다.

③ 현재의 상황 및 문제점 : 수집, 선택, 조사한 정보를 바탕으로 현재의 상황과 문제

점을 파악하고 현황이 어떠한지를 객관적이고 사실적이며, 다각적으로 기술해야 한다. 올바른 의사결정이 이루어지기 위해서는 현재 상태에 대한 정확한 인식이 필수적이며, 구체적인 통계, 여론조사 결과, 현장조사 결과 등 입증할 수 있는 자료를 병행하여 제시하여 제시하면 설득력을 줄 수 있다. 과거로부터 현재까지의 추세, 변화 정도, 변화 속도 등을 제시하여 현재 상태에 대한 대안을 고민할 수 있도록 기술한다.

④ 개선 및 제안 : 보고서의 중점 내용을 분명히 하여 문장을 구성하고, 보고에 대한 개선 및 제안사항 등을 상대방의 입장에서 이해하기 쉽게 표현하여 작성한다. 또한 보고서의 내용을 시행할 경우 어떠한 변화가 일어날 것이며, 이는 현재 수준과 얼마만큼 달라질 수 있는지를 예측해 볼 수 있다. 긍정적인 효과 이외에 발생할 수 있는 부작용, 문제점, 영향에 대해서도 면밀히 사전 점검하고, 그 해결방안도 제시하는 것이 좋다.

(3) 보고서의 작성 시 주의사항

① 상사의 요망이나 기대에 초점을 맞춘 보고서가 되어야 한다.
② 결론을 먼저 알 수 있도록 하는 것이 좋다.
③ 사실과 의견을 명확히 구분한다.
④ 읽기 용이하고 간결하게 정리한다.
⑤ 최후에 자신의 의견을 기재한다.
⑥ 장문의 경우 요약문을 붙이는 것이 좋다.

(4) 보고서의 작성요령

① 보고서의 제목 : 최상단의 보고서 제목은 보고서의 종류에 따라 결정된다. 매일의 업무를 보고하는 일일업무보고서, 한 주간에 진행된 업무를 보고하는 주간업무보고서, 진행되었던 사안의 결과를 보고하는 결과 보고서, 회사업무로 인해 외부에

다녀온 출장보고서, 회의의 결과를 정리하는 회의보고서 등으로 표시할 수 있다.

② 작성일자, 처리기한, 시행일자 : 날짜 기입의 경우 '작성일자'를 통해 작성된 날짜를 '처리 기간'을 통해 언제까지 처리 될 것인가를 알려주어야 하며, '시행 일자'를 통해 그 업무가 언제부터 정상적으로 시행될 것인가를 정확히 알려 주어야 한다.

③ 주관 부서 : 해당 업무를 주관하는 부서를 기입하여 표시해 준다.

④ 업무 협력 부서 : 업무상 상호 협조가 필요한 부서명을 기재하여 부서 간에 원활한 업무 협조가 이루어질 수 있도록 표시하여야 한다.

⑤ 기안 책임자 : 기안 책임자를 알려 주어 해당 사안이 누구의 총괄책임 하에 작업이 진행되고 있는지를 표시하여야 한다.

⑥ 제목 : 보고서의 구체적 제목은 "사내 인력관리 및 조직구성에 관한 건"처럼 간결하면서도 제목만을 통해 보고하고자 하는 내용을 한눈에 알 수 있도록 하여야 한다.

⑦ 본문 : 본문의 내용에서는 현재까지의 업무진행 사항과 향후 어떤 식으로 진행될 것인지를 기술한다. 제목에서 나온 것처럼 조직구성은 어떻게 되며, 조직은 팀장은 누가 될 것이며, 어떤 인원으로 구성되는지를 알려주어야 한다. 사안이 지속될 경우 또 다른 추가 인원은 어떤 인물이 좋겠다는 의견을 제시하여 보고하는 것이 좋다.

⑧ 문서 번호 : 상기와 같이 업무보고서를 작성할 경우에는 문서의 체계적인 관리를 위하여 문서의 고유번호 내지는 문서의 코드를 정해 문서를 일관성 있도록 분류하여 관리해야 한다. 체계적인 문서관리 분류는 해당문서를 관리하거나 다시 찾을 때보다 효율적인 업무 활용도를 나타낼 수 있다.

5) 보도자료

보도자료란 행정기관이나 공공기관 주체들의 메시지 정보가 비용을 지불하지 않고 방송 매체나 인쇄매체, 인터넷 매체와 같은 언론 매체를 통해 대중에게 전달되는 것을 말한다.

(1) 보도 자료의 분류

① **뉴스 보도자료**

- 태업이나 사고, 화재, 천재지변처럼 예상 밖의 사건, 사고를 다룬 자생적 보도 자료
- 조직 내에서 평범하게 발생되는 일과 일상적 행사로서 뉴스 가치가 있으면서 공중의 관심을 이끄는 계획적인 보도자료

② **비즈니스 피처** : 기업의 영업활동과 마케팅 촉진을 위해 마련한 것으로 업계의 공통 문제를 부각하거나 특정 회사의 상품 사용에 의한 업체의 당면 문제를 해결하려는 형태다.

③ **금융 보도자료** : 투자회사나 은행, 보험회사와 같은 금융권 회사의 PR부서에서 제공하는 자료로서 주식배당이나 기업의 합병, 분기별-연례 보고서, 연차 회의나 임원 인사, 법인 뉴스와 금융 뉴스

④ **서비스 보도자료** : 소비자들의 삶의 질을 높여주는 정보성 자료로 생활트렌드와 밀접한 관련이 있는 내용이 주를 이룬다. 패션, 건강, 식품, 여행, 도서 육아 등 다양한 생활토픽을 다룬다.

⑤ **제품 보도자료** : 브랜드나 상품을 가진 기업의 PR팀에서 생산하는 자료로서, 기업이 지니고 있는 다양한 화제 정보를 소비자나 고객에게 전달해 제품 판매를 독려하는 형태

⑥ **화보 보도자료** : 영상 미디어 시대에 맞추어 사진이나 화보로 구성된 보도 자료이다. 이미지나 영상이 글보다 우선할 수 있도록 현장성이나 독특성을 기준으로 기획해 준비하는 자료다.

⑦ **기사 보도자료** : 커다란 사건, 사고나 불의의 사고, 단체장의 위기 등 사안이 심각한 내용에 대해서 미리 시나리오를 마련해 매뉴얼 절차대로 진행하는 것으로 민감한 여론을 일시에 피할 수 있는 타 분야의 중요 정보를 터트려 위기를 모면하는 히든카드 자료다.

(2) 보도 자료의 구성요소

① **제목(헤드라인)** : 제목이 기사 제목으로 바로 사용될 수 있을 정도로 시선을 사로잡는 문장이어야 한다. 메인 토픽(main topic)의 설정이라고도 하며, 작성하는 보도 자료의 성격이 바로 드러나야 한다. 최대한 간결하며 힘 있는 표현으로 구성될 수 있도록 하며, 여러 주제를 고려한 형태가 되지 말고 핵심 사안에 대한 내용만 가지고 작성해야 한다.

② **전문(리드)** : 해당 보도 자료의 핵심을 요약한 문장을 말한다. 해당 PR의 핵심을 정리해 뽑아낸 내용으로 주제별로 작성된 단락의 주된 내용들을 정리한 문장의 형태를 가져야 한다. 이는 메인 토픽 포인트를 제시하는 것으로 가장 중요한 사안을 끌어내 강조해야 한다.

③ **본문** : 흥미로운 이야기나 중요한 사실, 부가 사실과 같은 설명 부분으로, 단락마다 다루어지는 내용의 토픽이 들어가 있어야 한다. 역삼각형 형태로 단락을 구성해야 하며, 사실을 기반으로 현장감을 정확하고 객관적으로 서술해야 한다. 이때 문장은 간단명료한 단문의 형태로 작성하고, 연결어나 수식어를 자제하고 능동형 동사를 사용하는 것이 좋다.

④ **배경정보** : 보도 자료의 부속 요소로 정보의 추가적 내용을 제시하는 형태이다. 즉, 특정 사안에 대한 구체적인 내용이나 붙임 자료 및 이미지나 관련 등이 이에 해당된다.

6) 설명서

설명서란 대개 상품의 특성이나 사물의 성질과 가치, 작동 방법이나 과정을 소비자에게 설명하는 것을 목적으로 작성한 문서이다.

① **상품 소개서** : 일반인들이 친근하게 읽고 내용을 쉽게 이해하도록 돕는 문서, 소비자에게 상품의 특징을 잘 전달해 상품을 구입하도록 유도하는 것이 궁극적인 목

적이다.

② **제품 설명서** : 제품의 특징과 활용도에 대해 세부적으로 언급하는 문서, 제품 구입도 유도하지만 제품의 사용법에 대해 더 자세히 알려주는 목적이 있다.

7) 자기소개서

자기소개서란 개인의 가정환경과 성장과정, 입사 동기와 근무자세 등을 구체적으로 기술하여 자신을 소개하는 문서이다.

8) 비즈니스 이메일

비즈니스 이메일(E-mail)란 사업상의 이유로 고객이나 단체에 편지를 쓰는 것이며, 직장업무나 개인 간의 연락, 직접 방문하기 어려운 고객관리 등을 위해 사용되는 비공식적 문서나, 제안서, 보고서 등 공식적인 문서를 전달하는 데 사용된다.

보고서나 기획서처럼 철저하게 양식에 맞춰야 하는 것은 아니지만 이메일도 격식을 갖춰서 보내야 한다. 이메일은 보고서와 모바일 메신저의 중간에 위치한 소통 도구임을 명심하자.

(1) 제목

- 제목은 이메일에서 가장 중요하다.
- 제목에는 소속과 용건만 적혀 있으면 되며, 소속은 대괄호를 활용해 제목 가장 앞에 적는 것이 좋다.
- 외부메일과 내부메일을 구별해서 표기해야 하며, 외부로 보낼 경우에는 회사명을 내부에는 소속부서를 기재한다.
- 소속 다음에는 이메일을 받은 상대방이 용건을 한눈에 파악할 수 있을 정도로 보낼 용건을 최대한 축약해서 기재한다.

- 이메일 제목은 소속과 용건을 합쳐 30자 내외로 마무리하는 것을 지향한다.
- 정기적으로 이메일을 주고받는 상대방과는 [소속 –용건] 순으로 기재하고 비정기적으로 이메일을 보내는 경우는 [용건 –소속]순으로 기재하는 것이 일반적이다.

(2) 인사

- 인사를 할 때에는 '안녕하세요'라는 인사와 함께 이메일을 받는 상대방의 이름과 직위를 언급한다.
- 인사 다음에는 보낸 이의 이름, 소속, 직위를 언급하면서 서두를 마무리하면 된다.
- 불특정 다수에게 메일을 보낼 경우는 인사와 보낸 이의 이름, 소속, 직위만 언급한다.
- 인사 역시 30자를 넘지 않는 것이 좋다.

(3) 내용

- 이메일 내용은 역피라미드 순으로 작성되어야 한다.
- 이메일을 보낸 용건을 한 문장으로 축약해서 작성 후 나머지 내용을 풀어야 한다.
- 이메일의 내용이 길어질 경우 중간제목을 쓰고 강조처리를 해서 가독성을 높이는 것이 좋다.
- 맞춤법이나 오탈자에 유의한다.
- 용건이 끝난 후 끝인사를 적음으로써 마무리한다('수고하십시오.'는 더 고생하라는 뜻을 담은 무례한 표현이므로 끝인사로 이용하면 안 된다.).

(4) 붙임파일

- 붙임파일은 적을수록 좋다.
- 이미지의 경우 다섯 장이 넘을 경우는 압축해서 첨부하는 것이 좋다.
- 만약 기업의 중요한 기밀이 담긴 파일을 상대방에게 전송해야 한다면 USB메모

리에 담아 직접 전달하는 것을 지향한다.

(5) 전송

- 이메일 작성 후 바로 상대방에게 전송하지 말자.
- 30분~1시간 경과 후 전송해야 그 사이에 추가할 내용이나 고쳐야할 내용을 수정할 수 있다.

(6) 이메일에 디지털 서명을 첨부하라.

- 상대방과 이메일을 주고받기에 앞서 이메일 하단에 첨부할 서명을 꼭 만들어 두자.
- 서명의 내용은 명함과 동일하면 된다.
- 텍스트로 표현하기 힘든 경우 명함을 스캔해서 메일에 첨부해도 되나 이미지로 되어 있는 서명은 상대방이 내용을 복사하는 데 어려움이 많으므로 되도록 텍스트 형식으로 하자.

(7) 받는 사람, 참조, 숨은 참조는 나름의 활용법이 있다.

① 이메일을 주고받는 사람간의 책임 소재를 명확하게 구분하자.

② 이메일을 받는 사람, 참조, 숨은 참조 등 세 가지 형태로 상대방에게 전달할 수 있다.

- 받는 사람 : 이메일의 용건과 직접적으로 연관되어 있는 경우
- 참조 : 이메일의 용건과 간접적으로 연관되어 있는 사람의 주소(이메일 내용을 알아둬야 하지만 답장을 주고받을 필요가 없는 사람)
- 숨은 참조 : 프로젝트의 최고 담당자에게 보고할 때나 불특정 다수에게 이메일을 보낼 때 사용하는 기능

9) 비즈니스 메모

비즈니스 메모란 업무상 필요한 중요한 일이나 앞으로 체크해야 할 일이 있을 때 필요한 내용을 메모 형식으로 작성하여 전달하는 글이다.

① **전화메모** : 업무 내용부터 개인적인 전화까지 전화를 통한 전달사항을 간단히 작성하여 당사자에게 전달하기 위한 메모이다.

② **회의메모** : 회의에 참석하지 못한 상사나 동료에게 전달사항이나 회의 내용을 요약하여 전달하기 위한 메모 또는 회의 기록으로 남겨 월말이나 연말에 업무 현황을 파악하기 위한 메모로 업무 추진을 위한 핵심적인 자료 역할을 한다.

③ **업무메모** : 개인이 추진하는 업무나 상대의 업무 추진 상황을 메모로 적는 형태를 말한다.

4 학습정리

성찰하기

■ 다음 내용을 토대로 제안서를 작성해 보자.

1. 주제 : 춘계 산행
2. 대상: 회사 임직원
3. 일시 : 2018년 9월 13일

■ 다음 주제로 나만의 광고 기획서를 만들어 보자.

1. 주제 : 화장품 신제품
2. 타깃 : 20대 여성
3. 제품의 특징: 미백 및 주름 개선 완화

■ 다음 글을 요약해 보자.

'그것은 안개다. 아침에 잠자리에서 일어나서 밖으로 나오면, 밤사이에 진주해 온 적군들처럼 안개가 무진을 삥 둘러싸고 있는 것이었다. 무진을 둘러싸고 있던 산들도 안개에 의하여 보이지 않는 먼 곳으로 유배당해 버리고 없었다. 안개는 마치 이승에 한(恨)이 있어서 매일 밤 찾아오는 여귀(女鬼)가 뿜어 내놓은 입김과 같았다….'

김승옥의 단편소설 '무진기행'에 나오는 무진이란 도시의 안개는 '불확실한 미래'를 상징한다. 눈을 떠 보면 바로 앞산조차 볼 수 없을 정도로 자욱한 안개. 김승옥은 이를 '여귀의 입김'으로 묘사하며 사람의 미래를 더 무시무시하게 써내려간다.

이 작품이 〈사상계〉에 발표된 때는 1964년. 군사정권이 산업화를 추진하던 시기였다. 개인은 없고 국가와 사회만 있는 그런 시대. 김승옥은 거대담론이 주류이던 당시의 소설 경향을 개인 내면에 맞춘 미시담론으로 전환하며 문단의 주목을 받는다. 무엇보다 이 작품을 읽고 난 사람들의 뇌리에 오래도록 남는 것은 안개이다. 단 한 발짝 앞도 내다볼 수 없을 정도로 시야를 완벽하게 가로막고 있는 그런 안개 말이다.

김승옥의 안개가 등장한 이래 반세기를 넘긴 2018년. 대한민국은 안개처럼 보이는 미세먼지에 뒤덮여 있다. 물이 주성분인 안개는 건강에 그다지 나쁘지 않고, 오히려 낭만적일 수도 있다. 그렇지만 미세먼지는 전혀 다르다. 아황산가스·질소산화물·납·오존·일산화탄소 등이 주성분으로 천식과 같은 호흡기질환은 물론, 암까지 발병시킬 수 있는 최악의 유해물질로 구성돼 있다.

1960년대 안개가 개인의 영혼을 매몰시킨 국가였다면, 2018년 미세먼지는 지금 우리가 호흡하는 사회일지도 모른다. 한반도를 둘러싼 예측 불가능의 국제정세, 포항지진과 같이 언제 불쑥 찾아들지 알 수 없는 자연재앙, 청년실업과 낮은 출산율, 천문학적 가계부채 등등 우울을 넘어, 우리를 암울하게 만드는 현실 말이다.

미세먼지를 줄이기 위해 중국 발 스모그에 대한 대책, 자동차와 공장이 뿜어내는 매연의 규제 등이 필요한 것처럼 고달픈 인생의 문제 역시 하나하나 해결의 방법을 찾아가야겠다. 그럼 바람과 햇살이 미세먼지를 걷어내며 우리의 앞길을 환히 비춰주리라. 호흡기가 약한 터라, 오늘은 두 장의 마스크를 쓰고 집을 나선다.

■ 학습한 것을 마인드맵으로 정리해 보자.

Ice-Break: 사자성어 퍼즐게임

1. 팀으로 다음 일, 이, 삼, 사, 오, 육, 칠, 팔, 구, 십으로 시작하는 사자성어를 빈칸에 채워 넣어보자.

일		육	
이		칠	
삼		팔	
사		구	
오		십	

2. 위의 사자성어 중 선택해서 자신의 경험을 이야기해 보자.

생각정리

■ 이론에 앞서 나의 생각을 먼저 정리해 보고 토의를 통해 개념을 정의해 보자.

	문서작성을 할 때 중요한 것은 무엇인가?
나의 생각	
팀원의 생각	
	문서작성을 할 때 주의할 것은 무엇인가?
나의 생각	
팀원의 생각	

제 11 장 문서작성능력 개발

1 효과적인 문서 이해방법

우리에게 주어지는 수없이 많은 문서를 다 이해하고 머릿속에 기억하기는 불가능하다. 그러므로 우리는 각 문서에서 꼭 알아야 하는 중요한 내용만 골라 수집하여 종합하는 능력이 필요하다. 이러한 능력은 다독·다작·다상량을 통해 각자 자기 방식으로 키워나가야 한다.

1) 문서 이해 절차

① 문서의 목적 이해하기
② 문서가 작성된 배경과 주제 파악하기
③ 문서의 정보를 밝혀내고, 문서가 제시하고 있는 현안 문제 파악하기
④ 상대의 의도 및 나에게 요구되는 행동에 관한 내용 분석하기
⑤ 문서에서 이해한 목적달성을 위해 취해야 할 행동을 생각하고 결정하기
⑥ 상대방의 의도를 도표, 그림 등으로 메모하여 요약, 정리해 보기

2) 문서 이해를 위한 방법

문서를 빠르고 정확하게 이해하기 위한 절차를 알았다면, 이해하는 기법에 대한 지식을 습득하고 연습해야 한다. 문서를 이해하는 기법은 요약, 정보분해, 구조화 크게 세 가지 방법으로 나누어진다.

(1) 요약

요약은 말이나 글의 요점을 잡아서 간추리는 것으로 내용을 오래 기억하기 위해 필요한 작업이다. 또한 문서 요약을 요구하는 수요자 즉, 당사자보다 상위층에 속해 있는 사람에게 필요한 정보를 쉽게 찾을 수 있도록 하는 데 목적이 있다. 문서를 요약하는 과정은 다음과 같다.

① 요약문서 수요자의 성향 및 요구사항 상기하기
② 문서 전체 구성을 빠르게 숙지하기
③ 문서의 중요한 부분에 밑줄을 치거나 메모하기
④ 밑줄 친 부분을 중심으로 큰 줄기를 잡기
⑤ 문서를 요약하기
⑥ 작성된 요약 문서를 검토하기

(2) 정보 분해

문서를 이해할 때에는 겹치지 않으면서 빠짐없이 정보를 이해하고 항목들이 상호배타적으로 모였을 때 완전체를 이루도록 정보를 분해하는 방법을 사용하여야 한다.

이를 위해 맥킨지(Mckinsey)[1]회사에서 만들어진 MECE(Mutually Exclusive and Collectively Exhaustive)원리를 익혀둘 필요가 있다. '서로 중복이 없는 동시에 누락된 것도 없는 부분의 집합체로 파악하는 것'을 의미한다.

---

1) 맥킨지는 1923년에 설립된 세계에서 가장 성공적인 전략컨설팅회사로서 국제 비즈티스 세계에서 통용되는 브랜드이다.

(3) 구조화

복잡한 문서를 이해하기 위해서는 구조화 할 수 있는 능력이 필요하다. 문서를 크게 서론-본론-결론 세 부분으로 나누어 볼 수 있다. 서론은 문서의 전체적인 모습을 보여준다. 본론은 구체적이고 논리적인 근거를 보여주는 부분으로 전체에서 세부적인 부분을 살펴볼 수 있다. 본론을 정확히 파악하기 위한 기법으로 'So what/why so?' 기법이 있다. 여기서 'So what?'은 사실, 데이터, 전문가 의견 등을 토대로 특정과제와 결론된 결론이나 주장을 도출하는 것이다. 즉 '결론이 무엇인가?'에 대한 답변을 제시하는 것을 말한다.

'Why so?'는 결론 또는 주장에 대해 '어떤 근거로 결론이 내렸는가?'에 대한 답변으로 구체적인 사실, 데이터, 사례등을 제시하는 것이다. 즉 결론과 근거, 결론과 방법 사이에 논리적 비약을 방지하는 기법이다.

위의 내용을 그림으로 나타내면 다음과 같다.

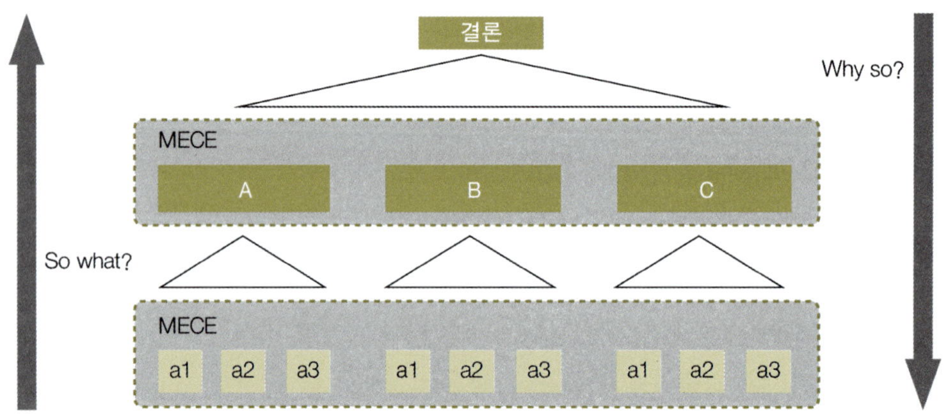

그림 11-1 **논리적으로 구조화된 요약**

2 효과적인 문서작성방법

문서작성은 직장생활에서 가장 기본적인 필수능력이며, 자신의 업무능력을 제대로 평가받으려면 상황과 목적에 맞게 문서를 작성할 수 있어야 한다.

1) 문서작성의 구성요소

직장인이 작성하는 문서는 상대를 설득하거나 조직의 의견을 전달하는 기능을 하는 공적인 문서이다. 그러므로 길이가 길고 중구난방 식으로 나열하여서는 안 되며, 일관성과 통일성을 갖추고 전체 흐름이 일목요연해야 한다. 객관적인 근거와 핵심사항이 정확해야 하며 다음의 5가지를 갖추어야 한다.

- 품위 있고 짜임새 있는 골격
- 객관적이고 논리적이며 체계적인 내용
- 이해하기 쉬운 구조
- 명료하고 설득력 있는 구체적인 문장
- 세련되고 인상적이며 효과적인 배치

2) 문서작성의 원칙과 주의사항

직장 문서는 일반 글에 비해 형식적인 면을 상당히 중요시한다. 내용은 일목요연하고 간단하게 전개해야 하며 무엇보다도 정확하게 작성해야 한다.

따라서 문서를 왜 작성하는지, 무엇을 전달하려 하는지가 명확하게 드러나야 한다. 이때 대상, 목적, 시기가 포함되어야 하며 기획서나 제안서의 경우에는 기대효과 등이 포함되어야 한다. 문서는 종류를 막론하고 작성원칙과 주의사항이 있다. 그러므로 이를 고려하여 작성해야 한다.

(1) 문서작성의 원칙

① 문장은 짧고 간결하게 작성하도록 한다.

의미 전달에 문제가 없다면 끊을 수 있는 부분은 가능한 끊어서 문장을 짧게 만들고, 문장표현에 기교를 피하고 실질적인 내용을 담을 수 있도록 한다.

② 상대방이 이해하기 쉽게 쓴다.

상대방이 이해하기 어려운 글은 좋은 글이 아니다. 우회적인 표현이나 현혹적인 문구를 되도록 쓰지 않도록 한다.

③ 중요하지 않은 경우 한자의 사용을 자제한다.

사용하더라도 상용한자 범위 내에서 사용하는 것이 이해에 도움이 된다.

④ 간결체로 작성한다.

문장 표현 시 되도록 간결체로 쓰는 것이 의미전달에서 가장 이해가 빠르다. 문서가 복잡하게 보이지 않도록 하여야 하며, 그 내용에 맞게 행과 단락을 바꾼다.

⑤ 문장은 긍정문의 형식으로 쓰는 것이 좋다.

부정문이나 의문문의 형식은 되도록 피한다.

⑥ 간단한 표제를 붙인다.

문서의 내용을 일목요연하게 파악할 수 있도록 간단한 표제를 붙이는 것도 상대방이 내용을 쉽게 이해하는 데 도움이 된다.

⑦ 문서의 주요한 내용을 먼저 쓰도록 한다.

결론을 먼저 제시하는 것이 직장 문서 작성의 핵심이다.

(2) 문서작성 시 주의사항

문서작성은 공적으로 자신의 의견을 표현하고 대외적으로는 회사를 대표하는 것이기 때문에 실수가 있어서는 안 된다. 그러므로 주의를 기울여 작성하고 여러 번 검토하되 다음의 사항을 고려하도록 한다.

① 문서는 육하원칙에 의해서 써야 한다.

② 문서는 그 작성 시기가 중요하다.

③ 문서는 하나의 사안을 한 장의 용지에 작성해야 한다.

④ 문서작성 후 반드시 다시 한 번 내용을 검토해야 한다.

⑤ 문서의 붙임자료는 꼭 필요한 자료 외에는 첨부하지 않도록 한다.

⑥ 문서 내용 중 금액, 수량, 일자 등의 기재에 정확성을 기하여야 한다.

⑦ 문장 표현은 작성자의 성의가 담기도록 경어나 단어 사용에 신경을 써야 한다.

3) 문서작성의 절차

성공적인 문서를 작성하기 위해서는 절차를 지켜 작성해야 한다. 다음 절차를 유념하여 문서를 작성하면 처음부터 다시 해야 하는 불편함을 겪지 않아도 된다.

① 내용 이해: 전달하고자 하는 내용과 그 핵심을 완벽히 파악해야 한다.

② 목표 설정: 전달하고자 하는 목표를 설정해야 한다.

③ 구　　성: 효과적인 구성과 형식이 무엇인지 생각해야 한다.

④ 자료 수집: 목표를 뒷받침해 줄 자료를 수집해야 한다.

⑤ 핵심 전달: 단락별로 핵심을 하위 목차로 요약해야 한다.

⑥ 대상 파악: 대상에 대한 이해와 분석을 철저히 해야 한다.

⑦ 보충 설명: 질문을 예상하고 그에 대한 구체적인 답변을 제시한다.

4) 구체적인 문서작성법

① 글자 : 한글 맞춤법 통일안 및 표준어 규정에 따라 가로쓰기로 작성하고, 글꼴은 바탕체 10~16 포인트가 적당하다.

② 숫자 : 원칙적으로 아라비아 숫자를 쓴다. 단 순서를 붙일 필요가 있는 문서명 등에는 로마자로 사용하기도 한다.

③ 금액 : 유가증권 및 문서에 금액을 표기할 때는 숫자와 한글로 함께 기재하는 방법과 한자로 표기하는 방법이 있다. 숫자로 표기하는 한자인 "갖은자"는 숫자의 위조 등을 방지할 목적으로, 보통 쓰는 한자보다 획을 더 많이 하여 모양과 구성을 달리한 글자를 의미한다.

④ 연호와 날짜 : 서기 연호를 사용하며 문서상에 '서기'는 표시하지 않는다. 날짜는 숫자로 표기하되, 연월일의 글자는 생략하고 그 자리에 온점을 찍어 표시한다.

⑤ 시간 : 24시간제에 따라 숫자로 표기하되, 시간과 분의 글자를 생략하고 그 사이에 쌍점(:)을 찍어 구분한다.

⑥ 색깔 : 검은색 또는 파란색 사용을 원칙으로 한다. 단, 도표나 글자의 수정 등 특별한 경우 다른 색을 사용할 수 있다. 보고서의 경우 수정은 붉은색을 사용한다. 황색계통이나 보라색, 담홍색 등은 복사 및 팩스 전송에 의한 문서 발송 시 글자가 잘 나타나지 않으므로 사용하지 않는 것이 좋다.

3 효과적인 문서 전달방법

직장에서는 매일 수많은 문서를 보는데 어떤 문서는 몇 번을 읽어도 도대체 무엇을 의도하는지 파악하기 어려운 문서가 있다. 내용이 어려운 경우도 있지만, 표현방법이 잘못된 경우가 대부분이다. 아무리 유익한 내용이더라도 문서의 내용이 읽는 사람에게 효과적으로 전달되지 않는다면, 결코 좋은 문서라고 할 수 없다.

1) 시각적인 표현

문서에서 전달하고 싶은 내용을 표현하는 방법은 크게 네 가지 정도로 볼 수 있다. 첫째, 개념이나 주제 등을 나타내는 문장 표현, 둘째, 통계적 수치를 한눈에 알아볼 수 있게 한 차트 표현, 셋째, 수치를 표로 나타내는 데이터 표현, 넷째, 전달하고자 하는 내용을 그림이나 사진 등으로 나타내는 이미지 표현이 그것이다.

따라서 전달하고자 하는 내용에 맞추어 가장 이해하기 쉽고 간결하게 나타낼 수 있는 방법을 사용하여 문서를 시각화하여 작성하는 것이 좋다. 문서를 다채롭게 시각화하면 읽는 사람의 집중력과 이해력을 높일 수 있다.

2) 효과적인 비즈니스 글쓰기 방법

효과적인 비즈니스 글을 쓰기 위해서는 다음 사항들을 고려하여 글을 작성하는 것이 필요하다.

(1) 무엇을 달성하고자 하는가?

글을 쓰는 목적이 무엇인가? 이 목적은 조직 차원에서 어떤 의미를 갖는가? 이 목적에 다른 사람들이 동의하는가? 등 목적을 분명히 해야 효과적인 글쓰기를 설계할 수 있다.

(2) 어떤 결과를 원하는가?

글의 목적에 따라 결과가 달라질 것이다. 정보를 전달하려고 하는 경우 그 정보가 잘 전달되었는지를 어떻게 알 수 있는지, 글을 읽은 독자에게서 얻고자 하는 반응이 무엇인지 명확하게 그려보고 글을 써야 한다.

(3) 글이 최선의 수단인가?

목적과 결과가 정해지면 글이 가장 올바른 의사소통 방법인지 고민한다. 글은 여러

소통 수단 중 다음과 같은 상황에서 효과적이다.

① 많은 사람들에게 전달한다.

② 주장이나 설명이 복잡하거나 시각적인 참고자료가 필요하다.

③ 신중한 피드백이 필요하다.

④ 내용을 정확하게 기록으로 남겨야 한다.

(4) 누구 이름으로 발표할 것인가?

대개 글을 쓰는 사람 이름으로 발표하지만, 더 큰 효과를 발휘하기 위해서는 자신보다 더 높은 사람, 때로는 더 낮은 사람 이름으로 발표할 때 글의 효과가 더 커질 수 있다. 독자의 신임을 받는 사람의 글이 더 큰 파급효과를 발휘한다.

(5) 대상 독자는 누구인가?

내 글을 읽을 사람들이 내가 기대하는 반응을 보일 사람들인가? 그들의 반응이 적절한 파급효과나 변화를 불러 오겠는가? 내 글을 내가 원하는 사람들이 볼 것이라고 확신할 수 있는가?

(6) 독자와 어떤 관계를 맺을 것인가?

독자들이 내가 원하는 반응을 하기 바란다면, 독자와 적절한 관계를 형성해야 한다. 그러한 관계는 글 속에서 자신이 어떤 태도를 취하느냐에 따라 달라진다. 독자에게 취할 수 있는 가장 기본적인 태도는 다음 세 가지다.

① 저자를 위해서 어떤 일을 하도록 부탁한다.

② 어떤 것의 유용성을 일깨워주고 그것을 하도록 설득한다.

③ 높은 비전이나 협동이라는 대의에 호소한다.

여기서 가장 효과가 좋은 태도는 세 번째이다. 공통적인 관심사를 찾아내 그것이 모두에게 영향을 미칠 수 있다는 관점에서 글을 써라.

(7) 어떻게 설득할 것인가?

예상되는 혜택을 상세히 설명할 뿐 아니라, 예상되는 반대 의견까지 언급하고 거기에 대해 반론도 해야 한다. 독자의 관점에서 문제를 보면서 독자의 우려를 이해하는 자세를 보이고, 자신의 주장이 전체적인 목표와 어떻게 부합하는지, 독자의 우려는 어떻게 해소할 수 있는지 설명한다.

(8) 어떻게 구성할 것인가?

논증의 핵심을 간단하게 제시하고 글의 구성을 짠다. 주제별로 밀접한 관계가 있는 것끼리 묶는다. 그리고 누락되거나 중복된 부분이 없는지 확인한다. 결론을 먼저 내리고 증거를 제시할 수도 있고, 증거를 먼저 제시하고 결론을 내릴 수도 있다.

(9) 전체 요지를 쉽게 파악할 수 있는가?

앞에서 짠 윤곽을 토대로 글을 쓴다. 글의 구조가 어떠하든, 독자를 안내하는 이정표와 깃발을 제시해야 한다. 서문에서 글의 목적과 핵심요지를 파악할 수 있어야 독자가 글의 흐름을 이해하면서 읽을 수 있다.

(10) 의미를 명확하게 이해할 수 있는가?

문장과 문단은 최대한 짧게 만들고, 길고 어려운 단어를 쓰지 않는다. 단순하고 명료하게 쓴다. 가능한 한 전문용어는 쓰지 않는 것이 좋지만, 꼭 써야할 때는 그 뜻을 설명한다. 독자가 기억할 것이라고 생각하며 생략하기보다는 원래 쓴 단어를 다시 한 번 써준다. 추상적인 단어보다는 구체적인 단어를 사용한다. 행위자를 밝히고 싶지 않을 때를 제외하고, 피동태보다는 능동태를 사용하는 것이 좋다. 이미지를 적절히 사용하고 핵심을 짚어주고, 문체를 너무 꾸미려고 하지 말라. 구어체나 은어를 써서 독자에게 튀려고 하지 말고 세련된 유머를 사용한다. 문법과 맞춤법을 정확하게 지킨다.

(11) 글로만 충분한가?

그림이나 도표를 활용해 주장을 뒷받침하고 핵심요지를 강조하면 글이 훨씬 명료해지고 읽기 쉬워진다. 도표나 그림은 언제 어디서 봐야 하는지 표시해 준다. 자세하고 긴 통계표 같은 것은 부록으로 넣는다. 물론 빈약한 내용을 숨기기 위해 그림을 이용하는 것은 바람직하지 않다. 도표나 그림의 크기는 글에서 차지하는 비중에 따라 결정한다.

(12) 독자 시각에서 보고 충분히 교정되었는가?

비판적인 시각으로 자신이 쓴 글을 반복하여 읽는다. 시간 여유가 있다면 다른 사람에게 읽어보게 하고, 피드백 받는다. 논리적으로 수긍이 가는지, 언급한 사실에 동의할 수 있는지 묻는다. 인용출처와 근거가 타당한지, 논쟁이 되는 지점은 없는지 논의한다. 자신의 주장과 다른 의견을 무시하지 말고 글 속에 언급하고 반영해야 한다. 문장을 간결하게 다듬는다.

(13) 읽고 싶은 디자인인가?

말로 설명할 때 사람들은 말의 내용 못지않게 말하는 태도를 눈여겨본다. 글도 마찬가지이다. 명료하고 읽기 쉬운 폰트, 적절한 글씨 크기, 세련된 편집, 깨끗한 인쇄 상태는 매우 중요한 요소이다. 핵심단어는 밑줄보다는 굵은 글꼴로 표현하는 것이 좋다. 들여쓰기, 글머리 기호, 선 등을 활용해 본문을 구획하고 여백을 충분히 준다.

(14) 발행 후 확인

중요한 문서라면 전화를 걸어 글을 읽었는지, 내용을 제대로 이해했는지 확인한다. 이해하기 어렵거나 오해한 부분은 없는지, 기대하는 반응이 일어났는지 반드시 확인한다.

4 학습정리

성찰하기

■ 다음의 주제로 비즈니스 이메일을 작성해 보자.

1. 주제 : 신간서적 출판
2. 대상 : 긍정출판사
3. 일시 : 작가 O O O(본인 이름)

■ 다음의 내용을 시각화하여 다시 작성해 보자.

4월이 다가오면서 자녀가 있는 부모들의 외출 준비가 한창이다. 그동안 한파와 미세먼지 등으로 잠시 미뤘던 야외활동이 가능해지면서 외출용품을 찾는 이들이 늘고 있는 것이다.

아가방앤컴퍼니가 3월 한 달 동안 외출용품 브랜드 '엘츠'의 판매량을 확인한 결과, 2월과 비교해 26%가 증가한 것으로 나타났다고 2일 밝혔다. 1월 판매량과 비교했을 경우 두 달 사이 48%가 증가한 수치다. 자녀가 있는 부모들은 낮 기온이 영상으로 오르는 3월부터 본격적인 외출 준비에 나선 것으로 예상된다.

외출용품 중에서도 특히 3D 유모차 쿨매트의 판매량이 가장 호조를 보였으며 그 뒤로 스퀘어 기저귀 백팩, 유모차 액세서리 3종(간편 유모차 고리, 스마트폰 홀더, 유모차 컵홀더) 순으로 판매량이 늘었다.

출처: 헤럴드경제 choigo.heraldcorp.com 2018.04.02

■ 학습한 것을 마인드맵으로 정리해 보자.

05부

대인관계능력

개관

의사소통과 대인관계는 밀접한 연관성을 가지고 있다. 대인관계에서 발생하는 갈등을 해결하는 방법 역시 의사소통에서 찾을 수 있다. 갈등관리능력은 대인관계에서 발생하는 갈등의 원인을 파악하고 의사소통을 통하여 보다 적극적으로 해결하여 원만한 대인관계를 형성하고 직장에서 업무의 효율성을 높여주는 능력을 의미한다.

학습목표

1. 대인관계와 의사소통의 연관성을 이해할 수 있다.
2. 가족, 친구, 조직에서 의사소통을 통해 원만한 대인관계를 형성하는 방법을 설명할 수 있다.
3. 갈등의 의미, 개념 및 기능을 설명할 수 있다.
4. 갈등관리 전략을 이해하고 적용할 수 있다.

Ice-Break: 협동화 그리기

전지와 여러 색의 크레파스나 색연필을 준비한다. 한 사람이 한 색깔의 펜만 사용할 수 있다. 소리를 내지 않고, 서로 소통하여 협동으로 하나의 작품을 완성한다. 자기 펜은 자기만 사용할 수 있다. 다 그린 후 작품의 제목을 정하고, 발표한다.

•협동화를 그리며 어떤 생각과 느낌이 들었는지 정리해 보자.

생각정리

■ 나의 생각을 먼저 정리해 보고 토의를 통해 개념을 정의해 보자.

	대인관계가 중요한 이유는 무엇인가?
나의 생각	
팀원의 생각	
	대인관계와 의사소통은 어떤 연관성이 있을까?
나의 생각	
팀원의 생각	
	가족, 친구, 조직에서 원만한 대인관계와 바람직한 의사소통은 무엇인가?
나의 생각	
팀원의 생각	

제 12장 대인관계능력 개발

1 일, 관계, 의사소통의 이해

우리는 사회적 존재로서 필연적으로 다른 사람들과 상호교류하면서 서로에게 영향을 주고받으며 살아간다. "내 생애에서 가장 소중한 시간은 지금 이 시간이요. 내 생애에서 가장 소중한 사람은 지금 만나는 사람이요. 내 생애 가장 소중한 일은 지금 여기 만나는 그 사람에게 기쁨과 평화와 자비를 베푸는 일이다."라고 대우 큰스님은 말했다. 하루의 대부분의 시간을 보내는 직장에서 좋은 관계를 맺으며 살아갈 수 있다면 얼마나 행복하겠는가? 그러나 현실적으로 대인관계는 직장인들에게 일보다 더 어렵고, 스트레스의 가장 큰 원인이다. 오죽하면, 혼밥, 혼술, 혼여, 혼삶이라는 새로운 삶의 형태가 이슈가 되었겠는가?

한국산업인력공단 국가직무능력표준에서 개발한 의사소통 매뉴얼을 보면, 대인관계 안에서의 의사소통은 필수이며 기본이라고 강조하였다. 우리는 서로 다른 성격, 다른 입장에서 각자 다 다른 생각을 가지고 있다. 그러나 회사라는 조직 안에서 서로 경쟁도 해야 하지만 공동의 이익을 추구하기 위해 뜻을 모아 함께 일도 해야 한다. 일을 잘 하려면, 서로에 대한 이해는 필수적이다. 결국 의사소통능력은 원활한 업무 수행을 위해서나, 자신의 이익을 위해서도 꼭 갖추어야 할 직무능력인 것이다. 과거보다 요즈음 사회는 의사소통능력의 필요성과 중요성을 강조하고 있다. 그 이유는 무엇일까?

예전 직장들은 훨씬 고용이 안정되어 있었고, 대인관계도 안정적이었다. 그러나 지금은 고용이 불안정해지면서, 대인관계도 더욱 긴장되고 불안정해졌다. 사회적 변화로 인해 의사소통능력이 과거보다 더욱 필요해진 것이다. 그러나 우리는 이런 사회적 변화에 적응하지 못하고 있다. 사회적 변화의 부적응의 근거가 바로 혼술, 혼밥 등이라고 볼 수 있다. 많은 사람들이 의사소통능력의 부족으로 대인관계의 어려움을 호소한다. 대인관계를 회피하고 대인관계에서 온 스트레스를 혼자만의 시간을 갖는 것으로 해소하고 있는 것이다. 즉, 현대 직장인들은 더욱 외롭고 의지할 수 있는 사람도, 조직도 없다고 느낀다.

왜 이렇게 되었을까? 과거보다 SNS, 문자메시지, E-mail 등 훨씬 더 많이 소통의 도구들이 생겨나고, 마음만 먹으면 언제든지 누구와도 어디에서나 소통할 수 있게 되었다. 그렇다면 더욱 대인관계가 좋아지고, 삶의 행복이 증가되어야 한다. 그러나 현실은 그와 정반대가 되었다. 그 이유를 우리의 의사소통능력 부족에서 찾을 수 있다. 사회와 기술은 더욱 발전하였지만, 우리의 의사소통능력은 더욱 퇴보하였다.

옛날 사람들은 자신을 솔직히 드러내고 마음을 열고 타인을 받아들이며, 서로 사랑하고, 함께 일하며 즐겁게 살았다. '뭉치면 살고, 흩어지면 죽는다.'라는 말을 어릴 적부터 종종 들으며 살았다. 그러나 요즘 자주 듣는 말은 '너만 잘하면 된다.'라는 말이다. 불안정하고 긴장된 사회 분위기 속에 사람들은 자신을 솔직히 드러내는 것이 두려워, 자신의 마음은 꽁꽁 감추고 겉으로만 이야기를 주고받는다. 타인에게는 무관심하고, 그들의 이야기를 들으려고 하지 않을 뿐만 아니라 자기 자신에게도 무관심해져서 자신의 마음이 솔직히 무엇인지도 모르겠다는 사람들도 쉽게 만날 수 있다.

이대로가 좋은 것인가? 이대로 간다면, 앞으로는 어떻게 될 것인가? 사회적 변화, 경제적 불황, 환경변화가 문제는 아니다. 오히려 이런 어려운 환경 속에서 우리가 돌아봐야 할 것은 바로 우리 자신이다. '내가 바뀌면 세상이 바뀐다'는 말이 있다. 지금 우리가 바꾸어야 할 것은 우리의 마음속의 생각, 의식이 아닐까? 내 마음을 열수 있는 것은 자기 자신밖에 없기 때문이다. 그러나 마음의 문제만도 아니다. 마음을 열고 제대로 소통할 수 있는 소통방법을 배워 소통하지 않는다면, 또다시 상처만 받게 되기 때문이다. 본 교재를 통해 대학생들이 마음을 열고 제대로 소통하는 방법을 배워 원만한 대인관계를 맺고 자신의 일을 원활히 해 나갈 수 있는 능력을 갖추기를 바란다.

2 대인관계능력의 개념 및 대인지각

1) 대인관계능력의 개념

대인관계능력이란 직장생활에서 협조적인 관계를 유지하고, 조직 구성원들에게 도움을 주며, 조직 내부 및 외부 갈등을 원만히 해결하고 고객의 요구를 충족시켜 줄 수 있는 능력이다.

출처: NCS직업기초능력

낯선 사람과도 빠르게 친밀감과 신뢰감을 형성하고, 지속적이고 서로 도울 수 있는 상생의 관계를 유지할 수 있는 사람을 대인관계능력이 있다고 본다. 대인관계에서 중요한 것은 타인에 대한 신뢰감을 가지고 자연스럽고 적극적인 태도를 가지고 있는가 이다. 흔히 대인관계를 외향적 · 내향적으로 구분하는데, 인간관계의 넓고 좁음을 보는 것이 중요한 기준이 아니다. 중요한 것은 얼마나 대인관계의 지각이 객관성을 유지하는지가 중요하다. 예를 들면 어떤 사람은 따돌림을 받는데도 대인관계가 원만하다고 지각하거나, 어떤 사람들은 긍정적인 평가를 받는데도 대인관계에 자신감이 없고 소극적일 수 있다. 즉, 대인관계에서 중요한 것은 자기이해와 타인이해이다. 그리고 자기이해와 타인이해는 소통을 통해서 이루어질 수 있다.

2) 대인지각의 개념

오래 전 "첫인상은 3초에 좌우된다. 3초의 첫인상을 걷어내기 위해서는 60번의 만남이 필요하다"는 광고를 본 적이 있다. 사람의 성격, 신뢰감, 성실성 등이 아주 짧은 시간에 받아들인 시각 · 청각 정보만으로 평가되는 것이다. 첫인상은 개인에 대한 주관적인 정보이며 대인관계의 출발점이 된다. 그렇기에 좋은 이미지를 갖기 위해 사람들은 많은 노력을 기울이고 전문가의 도움까지 받고 있다.

대인지각은 '타인의 성격, 욕구, 감정, 의지, 사고 등을 인지하여 어떤 이미지를 형성하는 것'이라고 사전은 정의한다. 대인지각과 대인사고는 내면적인 인지적 과정으로 다른 사람과의 상호작용과정에서 일어나는 마음 속 현상이다. 대인지각에서 첫인상은 최초로 얻은 정보로 '인상형성의 인식과정'이며, 대인사고는 '타인의 행동에 대해 의도나 원인을 유추하고 파악하는 인식과정'이다(권석만, 2012). 대인지각과 인상형성은 이후의 대인행동을 결정하는 심리적 요인으로 대인관계 형성과 의사소통의 질을 결정한다.

우리는 보통 사람의 외형적 특성을 보고 인상형성을 한다. 특히 얼굴 생김새, 옷차림, 언행, 주위의 평판 등을 통해 지각하고 그 정보를 바탕으로 관계 맺기를 결정한다. 이외에도 드러나지 않는 비언어적 행동단서 및 개인적 특성이 있다. 인상형성의 주요 요인은 다음과 같다.

(1) 얼굴 이미지

얼굴은 '영혼', '정신'을 뜻하는 '얼'과 통로라는 뜻의 '굴'의 합성어이다. 그 의미는 '영혼의 통로'라는 뜻이다. 사실이든 아니든 우리는 그 사람의 성격, 사고력, 인품 등 그 사람의 삶이 고스란히 얼굴에 드러난다고 생각한다. 그래서 얼굴 표정과 생김새를 단서로 우리는 그 사람의 인상을 결정한다.

체로키족의 나이 많은 인디언 추장이 손자에게 "얘야, 우리 모두의 마음속에는 두 마리 늑대가 사는데 그 둘은 늘 싸우고 있단다. 한 마리 나쁜 늑대는 화, 분노, 질투,

슬픔, 후회, 욕심, 거만, 자기 동정, 죄의식, 회한, 열등감, 거짓, 자만심, 헛된 자존심, 우월감, 이기심을 가지고 있고, 다른 한 마리 좋은 늑대는 기쁨, 평화, 평안, 사랑, 희망, 소망, 인내심, 평온함, 겸손, 친절, 동정심, 아량, 진실, 너그러움, 믿음을 가지고 있단다." 라고 말했다. 그러자 손자는 "어떤 늑대가 이기나요?"라고 물었다. 그 물음에 추장은 "내가 먹이를 더 주는 늑대가 이기게 된단다."라고 대답했다. 우리는 살면서 다양한 감정을 느끼고 표정으로 표현한다. 그 사람이 주로 느끼는 감정이 그 사람의 얼굴 인상에 영향을 미친다. '울상', '웃는 상'이라는 말을 들어본 적이 있을 것이다. 최소한 우리는 얼굴 표정을 통해 이 사람이 어떤 감정을 주로 느끼고 살고 있는지는 확실하게 짐작할 수 있다.

우리 뇌에는 거울 뉴런이 있다. 드라마나 영화 속의 주인공이 슬픈 장면을 연기하면 그 주인공을 따라 눈물을 흘리듯이 다른 사람의 행동을 보고 감정이입을 하는 것이 거울뉴런이다. 거울뉴런의 모방 효과를 우리는 인간관계에 활용할 수 있다. 감정은 나의 인상에도 영향을 미칠 뿐만 아니라 나를 바라보는 타인의 마음에도 영향을 미친다. "웃는 얼굴에 침 뱉으랴"라는 속담처럼, 긍정적인 감정으로 다가가면 상대방도 긍정적인 감정으로 나를 대하고, 부정적인 감정으로 다가가면 상대방도 부정적인 감정을 갖게 된다. 그러므로 호감 가는 인상을 주기 위해서 적극적이고 긍정적인 생활태도가 필요하다.

(2) 옷차림

'옷이 날개다'라는 말이 있다. 옷을 어떻게 입느냐에 따라 그 사람의 인상형성이 다르게 나타나기 때문이다. 우리는 타인의 옷차림새를 보고 그 사람의 사회경제적 지위, 학력, 성격, 흥미, 직업, 가치관 등의 개인정보를 알 수 있다. 면접을 보러 온 두 사람이 있다고 가정하자. 단정한 차림의 사람과 면접에 어울리지 않은 옷차림을 한 사람을 보고 우리는 다른 평가를 할 수밖에 없다. 옷차림은 상황의 특성, 적절성, 시간과 장소에 맞게 입는 것이 좋다는 것을 우리가 이미 알고 있기 때문이다. 여기서 조금 더 신경쓰면, 자신의 피부색에 어울리는 색상이 무엇인지, 평소 자신은 어떤 이미지를 가지고 있는지 탐색해 두는 것이 좋다. 자기 외모의 장단점을 이해하고 있으면, 옷차림이 자기

외모의 장단점을 보완해 줄 수 있는 가장 효과적인 도구가 될 수 있다.

(3) 언행 및 비언어적 메시지

우리나라 속담에 '말 한마디로 천 냥 빚을 갚는다.'는 말이 있다. 말을 어떻게 하느냐에 따라 그 사람에 대한 인식이 달라질 수 있다. 말은 솔직하고 간결하게 표현할 때 상대방에게 가장 잘 전달된다. 말의 내용 외에도 말투, 목소리, 장단, 발음, 속도 등도 인상형성에 영향을 미친다. 말의 내용도 중요하지만, 자신의 언어표현의 습관 등을 피드백 받거나 녹음해 보고 단점은 개선해 나가는 것이 좋다. 평소에도 꾸준히 신경을 써서 이야기하면, 조금 더 좋은 인상을 줄 수 있고 의사소통능력과 대인관계능력이 향상될 수 있다.

음성 외에 몸짓도 인상형성에 영향을 준다. 움직임, 자세, 제스처, 타인과의 거리 등을 보고 그 사람의 성격, 사고방식, 가치관, 능력, 친밀도 등을 추론할 수 있다. 예를 들어 상대방이 나의 이야기에 몸을 앞으로 숙이고 들으면 나에게 친밀감을 가지고 있다고 느낄 수 있다. 이야기할 때 눈을 마주치지 못하면, 쑥스러움이 많은 성격이거나 나에게 감추고 싶은 것이 있다고 느낄 수 있다. 이런 비언어적인 행동은 대부분 나도 모르게 나의 성격, 감정, 생각들을 몸으로 표현하는 것이다. 우리는 그 사람의 비언어적인 행동을 보고 그 사람에 대해서 평가를 하게 된다. 그러나 비언어적 행동도 어느 정도 의도적으로 조작할 수 있다. 그러므로 섣부른 판단은 조심할 필요가 있다. 중요한 것은 나의 비언어적 행동 습관을 아는 것이다. 잘못된 행동 습관이 상대방에게 의도치 않은 인상을 심어줄 수 있다.

(4) 평판

대부분의 사람들은 주위의 평판에 민감하며, 예민한 반응을 보일 수도 있다. 어떤 사람에 대한 평판은 그 사람의 인상형성에 부정적 · 긍정적 영향을 미치기 마련이다. 그 사람에 대한 어떤 이야기를 듣게 되면, 그 사람을 만나기도 전에 선입견을 갖게 된다. 부정적인 평가는 긍정적인 평가보다 인상형성에 강한 영향을 미친다. 그래서 대인관계에서 사실을 찾는 자세가 중요하다.

TIP 대인관계 이해도

문 항	예	아니오
1. 나는 사람을 판단할 때 첫인상에 별로 좌우되지 않는다.		
2. 나는 가끔 다른 사람의 입장에서 그 사람의 기분은 어떨까? 생각하는 편이다.		
3. 나는 주변 사람들의 기분을 잘 알아차린다.		
4. 나는 사랑에 빠져 가족이나 친구, 주위 사람들을 돌보지 않는 사람을 이해할 수 있다.		
5. 나는 누가 섭섭한 말을 해도 그럴만한 이유가 있을 거라고 생각한다.		
6. 나는 친구가 약속을 이행하지 못해도 화내기 전에 그럴만한 이유가 반드시 있을 거라고 생각한다.		

☞ 위의 6문항 중 최소한 4문항에 "예"라고 대답했다면 대인관계가 높은 사람이라고 볼 수 있다.

✎ **팀 활동**

1. 나는 대인관계를 어떻게 맺고 있는가?

2. 타인은 나의 인상을 어떻게 지각하고 있을까?

3. 내가 만나본 사람들 중 첫인상과 달랐던 사람에 대해 이야기해 보자.

3 대인관계와 효과적인 의사소통방법

현대의 한국 사회는 유교적 전통에 뿌리를 둔 전통적인 집단주의 문화와 서구 개인주의 문화가 혼합되어 많은 갈등이 일어나고 있다. 이러한 두 문화의 충돌로 인해 세대 간의 갈등, 남녀 간의 갈등, 부부 간의 갈등, 노사 간의 갈등, 조직 문화에서의 갈등, 다문화 갈등, 북한에서 온 이주민 갈등 등 여러 가지 사회적 문제가 나타났다. 서로 다른 문화적 가치와 충돌로 인해 겪는 진통을 지혜롭고 현명한 대인관계를 맺어 조화와 균형과 통합으로 풀어야 한다.

이 장에서는 가족, 친구, 조직 안에서의 의사소통과 태도를 살펴보고자 한다.

1) 가족

가족은 부부와 자녀로 구성된 혈연공동체이다. 따라서 가족은 생명이 끝나는 순간까지 가장 친밀한 관계를 갖는 공동운명체이자 최초 인간관계 형성의 장이다. 부모는 자녀가 가장 먼저 만나서 인간관계를 형성하고 배우는 사회인이다. 부모는 자녀의 성격과 가치관 형성, 태도, 행동, 습관에 이르기까지 중요한 영향을 끼친다.

(1) 가족관계의 특성

가족관계의 특성을 살펴보면 다음과 같다.

첫째, 가족은 혈연 중심으로 맺어진 인간관계이다.

둘째, 가족은 생활공동체로 이익보다는 공동의 선을 추구한다.

셋째, 가족은 서로 행복하기 위해 희생하고 사랑하는 운명공동체이다.

넷째, 가족관계는 갈등이나 불만으로 가족해체를 선언할 수 없으며, 평생 지속되는 관계이다.

다섯째, 가족은 강한 '우리'라는 공동체의식을 갖고, 서로 밀접한 영향을 주고받는다.

가족관계에서 지향해야 할 것은 가족 내의 평화이다. 가족의 평화를 유지하기 위해서는 가족 간에 상호 이해, 신뢰, 존중, 인정, 협력의 가족규칙이 지켜져야 한다.

(2) 가족 내 의사소통

가족은 같은 공간에서 많은 시간을 함께 공유하고 접촉하고 생활한다. 행복하고 경계가 분명한 가족관계를 형성하기 위해서는 가족 간 대화는 필수이다. 가족 간 의사소통은 '가족 내 친밀감 형성, 위로와 정서적 지지, 상의 및 문제해결과 의사결정, 갈등해결'과 같은 다양한 기능을 담당한다(조성연 외, 2009). 가족의 의사소통 형태는 다음과 같은 유형으로 분류할 수 있다.

TIP 가족 간 의사소통 유형

사슬형	•가족구성원이 한 줄로 늘어서서 개별적으로 의사소통한다. •중간에 위치한 가족구성원이 중심적 역할을 한다. •권위에 따른 위계적 질서가 있으며, 양쪽 가족구성원은 다소 격리 •가족들이 바빠 함께할 시간이 부족 시 효과적 •모든 가족이 소통을 잘하고 있다고 보기 어려움
원형	•사슬형과 유사 •양 끝에 있는 가족구성원 간의 의사소통이 되는 점이 사슬형과 다르다. •모든 가족구성원이 각자 자신의 양옆에 있는 사람과 의사소통한다. •다른 사람과 소통이 안 된다.
Y형	•한 가족구성원을 통하여 다른 구성원에게 의사가 전달된다. •재혼가정에서 흔히 볼 수 있다.
바퀴형	•중심이 되는 한 가족구성원을 중심으로 모든 가족이 소통하는 유형 •모든 메시지를 통제하는 가족구성원이 지배적인 역할을 한다. •중심이 되는 사람은 부담 및 과부하가 일어날 수 있다. •가족구성원들의 메시지를 긍정적으로 여과시켜 가족관계를 친밀하게 조정할 수 있다. •가족 내 긴장과 갈등을 효율적으로 관리 가능하다.
완전 통로형	•모든 가족들이 서로서로 자유롭게 소통하는 유형 •문제해결 방법이 효과적 •가족관계는 민주적이고 평등

사슬형, 원형, Y형은 메시지가 한 구성원에서 다른 가족구성원에게 전달되면서 왜곡될 수도 있고, 전달자가 마음대로 메시지를 바꿀 수 있어 가족 충돌을 감소시킬 수도 있다(권석만, 2014 재인용). 가족의 의사소통 유형은 상황에 따라 가족의 생애 발달단계에 따라 달라질 수 있다. 가족 내 다양한 의사소통 구조는 가족의 상호작용에 중요한 영향을 미치며 가족관계를 결정하는 중요한 변인이 된다.

✎ 팀 활동

1. 우리 가족의 의사소통 유형은 무엇인가?

2. 가족 간의 소통을 잘 하기 위해서는 어떤 노력이 필요할까?

(3) 가족 내 효과적인 소통방법

첫째, 소통환경과 상대의 상황을 잘 살펴본다.

둘째, 긍정적인 비언어적 · 언어적 표현을 한다.

셋째, 실수도 수용하고 배려하는 너그러운 마음이 필요하다.

넷째, 의사소통 방법을 학습하고 기술을 활용하여 끈기 있게 좋은 관계를 맺으려는 노력이 필요하다.

2) 친구

인생에서 좋은 친구만큼 소중한 자산은 없다. 가족만큼이나 깊은 유대감을 가지고, 기쁠 때나 슬플 때 함께하고 지지하고 격려해 줄 수 있는 의미 있는 관계이다. '먹을 가까이 하면 검어진다.', '친구 따라 강남 간다.' 등 속담을 보면, 어떤 친구를 만나 어떻게 지내느냐에 따라 생각과 행동에도 큰 변화가 일어날 수 있다는 것을 의미한다.

(1) 친구의 정의 및 특성

친구를 사전에서는 '가깝게 오래 두고 사귀어 온 벗'이라고 정의하였다. 부모나 다른 사람에게 하지 못한 말도 진솔하게 털어놓고 이해받기 때문이다. 우정이란 '친구 사이의 정'이라고 하였다. 친구는 관심, 흥미, 정보를 공유하면서 접촉을 유지, 지속시키는 관계이다. 데이비스와 토드(Davis & Todd, 1985)는 250여 명의 일반인과 대학생을 대상으로 우정의 특성을 조사하였다. 그 결과 '함께 있으면 즐겁다', '있는 그대로 받아들인다', '서로 깊게 신뢰한다', '서로 존중한다', '서로 도와주고 믿을 수 있다', '서로 비밀이 없다', '서로 이해할 수 있다', '있는 그대로 내보일 수 있다' 등이 나타났다. 이 연구결과를 보면 친구관계는 신뢰, 이해, 존중을 바탕으로 이루어짐을 알 수 있다.

(2) 친구관계의 발전

친밀하고 깊이 있는 친구관계란 자기 마음을 열어 솔직하게 표현할 수 있고, 정서적 지지와 공감 또는 현실적 도움을 주고받으며, 즐거운 경험을 함께 공유할 수 있을 때 이루어진다.

(3) 친구관계의 위기

친구관계를 약화시키는 요인으로 질투와 비판, 다른 사람과의 관계에서 인내 부족, 비밀 누설, 곤경에 처할 때 자발적인 도움을 주지 않기, 공개적 비난, 신뢰나 긍정적 존중 및 정서적 지지 없음 등이 관계를 약화시킨다(Argyle & Henderson, 1984). 따라서 현재 나와 친밀하고 좋은 친구 관계를 유지하기 위해서는 신뢰를 지키고 서로 원하는 바를 알아차리며 관계 유지를 위해 서로 노력해야 한다.

(4) 친구와 관계 맺기 전략

효과적인 친구관계를 맺고 의사소통을 잘 하기 위해서는 전략이 필요하다(박경, 1997). 다음 '친구관계에서 지켜야 할 12가지'를 참고하여 좋은 친구 관계를 맺기를 바란다.

첫째, 필요할 때 언제든 자발적으로 돕는다.

둘째, 친구의 사생활을 존중한다.

셋째, 신뢰를 지킨다.

넷째, 솔직하게 마음을 털어놓는다.

다섯째, 서로의 장점을 칭찬하고 본받는다.

여섯째, 감정적인 지지를 보낸다.

일곱째, 개인적인 조언을 구한다.

여덟째, 나에게 베푼 친절이나 고마움에 보답한다.

아홉째, 개인적인 감정이나 문제를 개방한다.

열째, 나와 친구의 차이점을 인정한다.

열한째, 갈등을 인정하고 솔직한 태도를 취한다.

열두째, 필요하다면 다른 사람의 도움을 받는다.

✎ 팀 활동

1. 친구관계에서 나를 탐색해 보자.
   ① 말이 많은 사람 또는 말 없는 사람
   ② 고집이 센 사람 또는 자기주장이 너무 없는 사람
   ③ 앞에 잘 나서는 사람 또는 항상 뒤따르는 사람
   ④ 계획성이 없는 사람 또는 늘 계획적인 사람
   ⑤ 자기중심적인 사람 또는 이타심이 넘치는 사람
   ⑥ 자기 자랑이 심한 사람 또는 자기 비하가 심한 사람
   ⑦ 수줍음이 많은 사람 또는 친화력이 좋은 사람
   ⑧ 직설적으로 표현하는 사람 또는 말을 돌려 하는 사람
   ⑨ 비밀이 많은 사람 또는 솔직한 사람
   ⑩ 기타

2. 나의 유형은 친구관계에서 어떤 득과 실이 있을까?

3. 내가 싫어하는 유형은?

4. 다른 시각에서 보면 내가 싫어하는 사람에게 장점을 찾는다면?

5. 다른 사람에게 호감을 줄 수 있는 다섯 가지 조건은 무엇인가?

6. 친밀한 친구관계를 위해 앞으로 더 개선하고 싶은 점은?

3) 조직

조직은 공동의 목표와 업무 수행을 위해 모인 집단이다. 조직에서 의사소통이 잘 이루어지면 전체 생산성이 높고 일할 맛 나는 직장생활이 된다. 그래서 조직의 의사소통 활성화가 필요하다. 조직은 수평적 의사소통 문화도 중요하지만 상황에 따라서 수직적 의사소통 문화도 요구된다.

(1) 조직의 의사소통 활성화

조직의 의사소통이 활성화되면 서로에게 위로와 지지, 소속감 및 유대감을 향상시킨다. 긍정적인 의사소통을 유지하기 위해서는 언어기술, 감정 표현, 대화 참여와 지속 의도 표현, 비언어적 메시지 분석, 배려, 감사, 칭찬의 사용이 필요하다. 또한 타인과 더불어 질 좋은 관계를 맺고 소통하기 위해 필요한 것은 자신이 무엇을 바라는지 알고 표현하는 일이며 상대방이 바라는 일이 무엇인지 세밀하게 듣고 이해하는 일이다. 그러기 위해서는 인내심을 기르는 일과 늘 창의적인 마음과 사고가 요구된다.

(2) 바람직한 의사소통 관계 만들기

조직의 의사소통에 있어서 중요한 기법이나 기술도 중요하다. 그렇지만 타인과 관계를 독립적이고 주도적이며 생산적이고 지속적인 관계로 유지하는 것도 필요하다. 이러한 원칙을 가지고 소통하기 위해서는 '자신의 인격을 수양하는 태도'가 먼저여야 한다.

긍정적인 대인관계를 맺고 소통하기 위해서는 감정은행 계좌를 만들어 적립하여 필요할 때 인출하는 것이 바람직하다. 감정은행 계좌란 우리의 감정도 은행에 현금을 입·출금하듯이 계좌처럼 관리해야 한다는 의미로 스티븐 코비(Stephen Covey)가 '성공하는 사람들의 7가지 습관'에서 중요한 개념으로 언급했다. 만약 우리가 다른 사람에 대해 공손하고, 친절하며, 정직하고, 약속을 잘 지킨다면 우리는 감정을 저축하는 셈이 된다. 그러면 그 사람이 우리에 대해 갖는 신뢰를 이용할 수 있다. 그러나 만약 다른 사람에게 불친절하고 무례하고 말을 막고 무시하고 독단적이라면 감정계좌는 잔고가 바닥나거나 차월된다. 즉 신뢰수준이 낮아진다. 긍정적인 대인관계 및 소통을 위한 '일곱 가지 주요 예입 수단'을 살펴보고 나의 감정계좌는 어떠한지 생각해 보자.

TIP 감정계좌를 예입하기 위한 일곱 가지 수단

예금명	입금	출금
긍정적인 시각으로 바라보고 표현하기 - 상대방에 대한 이해심		
상대방에 대한 이해와 양보 - 오늘 하루 어떤 양보를 하였나?		
사소한 일에 대한 관심		
약속이행		
기대의 명확화		
언행일치		
진솔한 사과		

(3) 품격 있는 의사소통 매너

매너(manner)와 에티켓(etiquette)은 어원부터 다르다. 매너는 라틴어 'manarius'에서 유래했다. 사람의 행동과 습관을 의미하는 'manus'와 'arius'의 합성어이다. 행동하는 방식이나 자세, 태도, 버릇, 몸가짐으로 상대방을 배려하는 마음을 행동으로 표현한 '주관적인 행동'이다. 우리는 흔히 상대방이 배려심이 느껴지는 행동에 '매너가 좋다'로 표현하고, 상대방의 이기적인 행동에 '매너가 나쁘다'로 표현한다. 에티켓은 'estiquier'라는 프랑스어이다. 에티켓은 예의범절을 의미하는 말로 '객관적인 행동'이다. 주관적인 배려를 강조하는 매너와는 달리 사회생활을 하면서 사람과 사람 사이에 당연히 해야 할 도리를 말한다. 즉 에티켓은 사람들 사이에 합리적인 행동기준을 가리킬 때 사용되며, 에티켓을 바탕으로 행동하는 것이 바로 매너라고 볼 수 있다. 우리의 품격을 지켜줄 매너와 에티켓에는 어떤 것들이 있는지 살펴보자.

✎ 팀 활동

1. 내가 생각하는 매너와 에티켓을 팀원들과 공유하고 정리해 보자.

2. 다른 나라의 매너와 에티켓을 찾아보고 정리해 보자.

TIP 품격 있는 자세의 매너와 에티켓

자세 매너	바른자세	•서 있는 자세는 밝은 표정으로 턱을 당기고 시선을 정면을 바라본다. •두 손은 공수를 하거나 바지 또는 스커트 재봉선에 살짝 쥔 손을 갖다 댄다. •다리는 가지런히 모으고 등, 허리, 가슴은 곧게 편다.
	바르게 걷는 자세	•등과 어깨를 곧게 펴고 시선을 정면으로 향한다. •팔은 자연스럽게 흔든다. •신발은 끌지 않는다. 발, 팔, 움직임의 보폭은 상황에 맞게 움직인다.
	바르게 앉는 자세	•상체는 곧게 편다. •양 손은 무릎 위에 올려놓는다. •부드러운 미소로 시선은 상대에게 둔다.

TIP 품격 있는 인사 매너와 에티켓

인사 종류	목례	•15도 각도로 허리를 굽힌다. •시선은 발끝 1.5~2m정도 앞에 둔다. •좁은 공간이나 하루 중 여러 번 만났을 때 한다.
	보통례	•30도 각도로 허리를 굽힌다. •조직에서 고객을 맞이할 때 또는 배웅할 때 한다. •상사에게 한다.
	정중례	•45도 각도로 허리를 굽힌다. •관혼상제 때 또는 국가 원수, 국빈에게 한다. •감사 또는 사죄 시에 한다.
인사의 자세	•인사는 상대의 인격을 존중하는 마음으로 경의를 표하는 것이다. •인사는 상대의 눈을 보고 미소를 지으며 한다. •인사는 상황에 맞는 인사말과 함께 한다. •음성은 거리에 맞게 적당하게 한다. •자리에 서서 발을 적당히 붙이고 바른 자세로 인사한다.	
악수인사	•오른손을 사용한다. •상사 또는 윗사람이 먼저 청한다. •여성이 남성에게 먼저 청한다. •기혼자가 미혼자에게 먼저 청한다. •고객이 직원에게 먼저 청한다.	

명함	•명함 지갑에 보관해 두었다가 꺼낸다. •서서 주고받는다. •손아랫사람이 윗사람에게 먼저 건넨다. •명함을 건넬 때에는 상대방이 읽기 편하게 자기 이름을 상대방 쪽으로 향하게 건넨다. •가슴 높이에서 인사말과 함께 자기 이름을 밝히면서 건넨다. •동시에 주고받을 때에는 오른 손으로 건네고, 왼손으로 받는다. •상대방의 명함을 그 자리에서 확인한다. •명함을 확인하고 명함지갑에 보관하는 모습을 보인다.

TIP 관계와 장소에 따른 매너와 에티켓

직장에서 매너와 에티켓	•출근은 정시보다 약간 빠르게 한다. •예기치 못한 상황이 생기면 바로 연락을 취한다. •개인적인 전화 문자는 가급적 삼간다. •공용물품을 아껴 쓰고, 사용 후에는 제자리에 둔다. •외근 시 보고를 꼭 한다. •퇴근 시 그날의 자신의 일을 점검하고 보고한다. •전원 장치를 점검한다. •직위 다음에 '님'을 붙인다. •상사를 직접 부를 때는 성과 직위만 부른다.(박 과장님) •타 부서의 상사는 부서명, 성, 직급, 님을 모두 부른다.(홍보팀 박 과장님) •초면이나 선임자에게도 '님'을 붙인다. •직책이 없는 사람은 '씨'를 붙여 부른다. •회식 시 출입문에서 안쪽 위치가 상석이다. •잔을 올릴 때에는 두 손으로 공손히 올린다. •잔을 받을 때에는 두 손으로 목례와 함께 감사의 인사를 하며 받는다. •잔을 받으면 기다렸다가 윗사람이 드신 후 조금 마시고 내려놓는다. •건배 시에는 윗사람보다 낮게 부딪친다. •폭음을 피하는 것이 좋다. •성적인 농담이나 듣기 거북한 농담은 하지 않는 것이 좋다.
식사자리 매너와 에티켓	•나라마다 식사 매너는 조금 다르다. 미리 익혀 두는 것이 좋다. •가능한 소리를 내지 않도록 한다. •조용한 목소리로 대화를 한다. •말을 할 때에는 음식을 입에 넣고 하지 않는다.

경조사 매너와 에티켓	결혼식	•의복은 지나치게 화려하지 않은 정장 차림이 좋고, 밝은 색으로 입는 것이 좋다. •축의봉투 앞면에 축하 문구를 쓰고, 뒷면에 보내는 사람 이름을 쓴다. •선물을 할 경우 사전에 물어보는 것이 좋다. •식장 내에서 신랑, 신부의 험담을 절대 하지 않는다. •인사를 하고 사진을 찍고 나서 식사를 하는 것이 좋다.
	문상	•상주나 상제에게 위로의 말과 인사를 하는 것을 조문이라고 한다. •상주를 조문을 하는 행위를 문상이라고 한다. •옷차림은 검은 색이 필수이고, 짙은 화장이나 화려한 옷도 피한다. 양말이나 스타킹을 꼭 신는다. •너무 이른 시간이나 너무 늦은 시간은 피한다. •부의금 봉투 앞면에 부의, 근조라 쓰고, 뒷면에 자기 이름을 쓴다.

4 학습정리

성찰하기

- 가정, 친구관계 그리고 직장에서 원만한 대인관계를 위하여 나의 의사소통은 어떻게 변화되어야 할까? 문제점, 바라는 상태, 내가 실천할 말과 행동으로 나누어 정리해 보자.

가정에서

문제점	
바라는 상태	
실천할 말과 행동	

친구관계에서

문제점	
바라는 상태	
실천할 말과 행동	

조직에서

문제점	
바라는 상태	
실천할 말과 행동	

Ice-Break: 행복한 선물 나누기

팀원의 수만큼 준비한 쪽지를 개인당 나누어 갖는다. 팀원들에게 개별적으로 긍정적인 메시지를 종이에 적어 한번 접어서 팀원 앞에 놓아 선물해 준다. 이름을 적어도 좋고, 적지 않아도 좋다.

• 구체적으로 표현해 보자.
• 일반적인 표현보다는 꼭 그 사람에게 어울리는 독특한 메시지를 쓰자.
• 당신이 목격한 그 사람의 멋진 행동을 언급하면서 함께 하고 싶은 이유가 무엇인지 쓰자.
• "내가 OOO을 좋아하는 이유는 ... " 식으로 쓰자. "... 한 것 같다"로 쓰지 않는다.
• 내가 받은 피드백과 피드백을 받은 후 느낌을 정리해 보자.

생각정리

■ 나의 생각을 먼저 정리해 보고 토의를 통해 개념을 정의해 보자.

	갈등은 대인관계에서 어떤 영향을 미칠까?
나의 생각	
팀원의 생각	

	갈등을 잘 해결하는 방법은?
나의 생각	
팀원의 생각	

제 13 장 갈등관리능력 개발

1 갈등의 이해

1) 갈등의 개념과 중요성

서양에서 갈등(conflict)은 '함께, 같이'라는 접두사 'con'과 '마찰, 때린다'의 'flict'가 합성된 단어이다. 서로 양립할 수 없는 것이 동시에 부딪친다는 뜻이다. 동양에서 갈등은 '칡 갈(葛)'과 '등나무 등(藤)'의 합성어로 '칡과 등나무가 서로 얽혀 있는 모습'이란 의미이다. 서로 자신을 고집하고 타협이 없다는 부정적의 의미이다. 즉, 갈등이란 생각의 불일치, 감정적으로 불편한 상태를 말하며, 경쟁, 대립, 분열, 싸움, 전쟁 등 다양한 형태의 갈등이 존재한다.

인간은 전 생애 동안 다양한 형태의 갈등을 겪는다. 정도의 차이는 있지만, 나 자신과의 갈등, 가족, 조직, 계층, 지역, 이념적 갈등 등 수많은 갈등을 우리는 비슷하게 겪으며 산다. 결코 피할 수 없는 갈등을 얼마나 잘 해결하고 인간관계를 유지하는가? 그것이 바로 우리의 모두의 과제이다.

✎ 팀 활동

갈등을 줄이기 위한 나만의 방법을 공유해 보자.

2) 갈등의 기능

갈등은 왜 일어나는가? 자신의 욕구나 목표가 충족되지 않을 때 일어난다. 관계에서는 각자 자신의 입장에서 다른 욕구와 목표를 가지고 서로 주장하게 될 때 갈등이 일어나는 것이다. 관계에서뿐만 아니라, 자신 안에서도 자신의 욕구와 현실적인 상황이 일치되지 않으면 내적 갈등이 일어난다. 갈등이 일어나면 여러 어려움이 발생하지만, 꼭 갈등이 부정적인 것만은 아니다. 갈등을 살펴보면 순기능과 역기능이 존재한다.

표 13-1 갈등의 순기능과 역기능

갈등의 순기능	갈등의 역기능
•갈등은 가치 있는 변화와 혁신을 이끈다. •갈등은 다양한 심리적 요구를 만족시킬 수 있다. •갈등은 개인의 삶에 변화를 이끌고 성장시킨다. •갈등은 관계와 조직을 더 단단하게 한다. •갈등은 좌절을 견디고 목표를 달성한다.	•생산성이 떨어진다. •자신의 이익만을 과하게 주장하면, 오히려 관계나 조직에 손실을 가져올 수 있다. •개인 간의 갈등은 일부 사람들이 신체적 · 정서적 상처를 줄 수 있다. •약한 사람은 방어적이 되고 고립된다. •좌절을 견디지 못하고 목표를 잃는다.

출처: 김두열, 2015

✎ 팀 활동

1. 갈등을 통해 오히려 더 좋은 변화를 이끌었던 경험이 있는가? 그런 경험이 있다면 공유해 보자.

2. 갈등 극복 방법에 대해 구체적으로 생각해 보고 공유해 보자.

2 효과적인 갈등관리방법

갈등을 관리하는 방법으로는 상위 목표 제시, 협상, 문제해결, 자원 증대, 내가 먼저 다가가기, 적극적으로 해결을 찾는 개인의 노력 등이다. 무조건 들어주기, 관계를 우선시하는 태도, 관점의 폭을 넓히기, 유연한 사고 등을 요구한다.

1) 갈등 결정 요인

갈등을 결정하는 주요한 요인으로는 개인의 성격 및 기질, 집단, 사회적, 환경적, 상황적 요인에 따라 다양한 요인들이 갈등을 결정하고 목표 갈등, 감정 갈등, 인지 갈등, 행동 갈등 등의 요인도 있다.

갈등의 몇 가지 특성을 살펴보면,

① 감정적, 합리적, 비합리적, 논리적일 수도 있으며, 때론 공공연하게 나타나거나 잠재할 수도 있다.

② 갈등은 감정적인 것과 실제적인 문제에 대한 사람들 간의 불일치이다. 감정적인 것은 불신, 분노, 공포, 싫음, 성격의 충돌이며 실제적인 것은 자원, 보상의 분배, 직무배당, 일 처리 방법과 절차의 문제로 구별할 수 있다.

③ 목적의 차이, 해결과정, 근본적인 가치관의 차이에서 일어나는 경우가 많다.

④ 갈등은 사람들을 기준으로 개인 갈등, 개인 내 갈등, 개인과 개인 간, 개인과 집단, 집단과 집단, 개인과 조직 간, 조직과 조직 간 갈등으로 구분된다.

2) 갈등의 분류

갈등은 조직시스템의 대상, 조직구조의 변화에 따라 수직적 갈등과 수평적 갈등으로 나눌 수 있다. 갈등을 관리하기 위해서는 대처방법이 필요하다. 내가 겪은 경험이나 앞으로 겪을 수 있는 갈등의 종류를 파악하고 효과적이고 체계적으로 분류하는 능력이 필요하다.

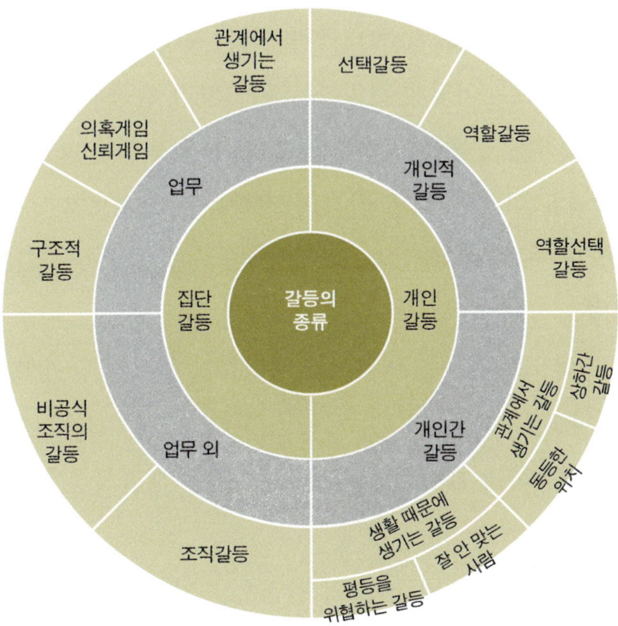

▌그림 13-1 갈등의 종류 KDY모델

✎ 팀 활동

1. 나의 개인 갈등, 집단 갈등이 있다면 어떤 것들이 있는지 정리해 보자.

2. 해결할 수 있는 갈등과 해결할 수 없는 갈등을 구분지어 보자.

3) 갈등관리 전략

갈등관리 전략이란 갈등을 관리하기 위한 모든 제반 활동을 말한다. 갈등의 예방, 해소, 자극 등이 포함된다(정은희 외, 2017). 관리과학과 갈등이 결합되면서 '갈등관리'라는 용어가 등장하였다. 갈등은 '어떻게 관리하는가'에 따라 갈등의 결과가 달라진다. 갈등을 잘 관리하기 위해서는 갈등을 인정하고 갈등이 긍정적 효과를 발휘할 수 있도록 하는 노력이 필요하다. 아래와 같은 각각의 전략들을 살펴보자.

(1) 형태적 전략

① 상호 협동적 전략으로 갈등은 병적이고 부정적인 것이 아닌 상호 노력으로 갈등을 관리할 수 있다.

② 신뢰, 공정성, 진솔하고 개방적인 의사소통, 갈등 해결의 인식, 친절 등으로 갈등을 관리할 수 있다.

③ 갈등관리자들의 가치나 신념, 사고의 관점을 디자인하여 갈등을 관리할 수 있다.

④ 개방적인 의사소통은 정보 흐름을 다양하게 구축하며 정보의 왜곡을 줄여 협력을

이끌 수 있다.

⑤ 갈등 대상자들은 일과 감정을 분리하여 피해의식 대신 객관적 태도와 상대를 동등하게 대하는 태도로 갈등을 관리할 수 있다.

(2) 구조적 전략

① 갈등이 역할로 발생할 경우 갈등 당사자들의 역할을 수정하여 갈등을 관리할 수 있다.

② 조직의 구조적 문제로 갈등이 일어날 경우 경계 등을 명확히 하여 조직의 재설계를 통해 관리할 수 있다.

③ 집단 간 갈등이 발생할 경우 물리적 완충장치를 통해 상호작용을 통제함으로써 관리할 수 있다.

④ 사람들의 개성과 특성이 다를 경우 갈등이 일어날 수 있다. 갈등 당사자들에게 새로운 일을 배정하는 방법과 바람직한 조직문화를 형성해 관리할 수 있다.

(3) 갈등해결 전략

① 경청을 통한 소통으로 사실이나 행동에 초점을 두어 협력적 관계를 강화시킨다.

② 적극적 경청을 위해 관심을 기울이고 주제를 확인하고 질문 등을 통해 이해하고 공감적 경청이나 침묵 등을 통해 관리할 수 있다.

③ 피드백을 통해 원인에 나타난 결과를 줄이거나 늘리는 등 자동조절 원리를 사용하여 말한다.

④ 건설적 피드백은 개인과 조직의 성장에 필요하다.

⑤ 피드백의 규칙은 권한을 남용하지 말 것, 듣기 편한 환경을 선택할 것, 문제가 무엇이든 이야기 나눌 것이라는 것을 미리 알려줄 것, 상대방을 당황시키지 말 것, 구체적일 것, 경청, 주고받을 시 내용을 점검할 것 등이 있다.

⑥ 윈-윈 방법을 사용한다.

첫째, 충분한 사전준비

- 비판적 패러다임 준비
- 자신의 위치와 관심사 확인
- 상대방 입장과 드러나지 않은 관심사 확인

둘째, 정적인 접근

- 상대가 필요로 한 것에 대해 생각해 본 점을 인정
- 자신의 윈-윈 의도를 명시
- 윈-윈 절차에 협동적 자세되어 있는지 점검

셋째, 두 사람 입장 명확히 하기

- 동의하는 부분 인정
- 기본적으로 다른 부분 인정
- 자신이 이해한 바 점검

넷째, 윈-윈에 기초한 기준에 동의

- 상대방에게 중요한 기준을 명확히 하기
- 자신에게 어떠한 기준이 중요한지 말하기

다섯째, 몇 가지 해결책 생각해 내기

여섯째, 해결책 평가하기

일곱째, 최종 해결책을 선택하고 실행하는 것에 동의하기

룸바르도와 아이킨커(Lombardo & Eichinger, 2002)는 개인의 생활과 직장에서 스스로 문제를 해결하고 자신의 소통 능력을 향상시키고 개발하기 위한 다양한 방법들을 다음과 같이 제시하였다.

첫째, 정보제공이다.

- 적절한 양의 정보를 즉각 제공하여 그들에게 동기를 부여해야 한다.
- 정보제공 방식은 짧게, 해결책 제시보다 자신의 의견을 덧붙이는 것이 좋다.

• 요약문이나 주요 전달 사항의 사본을 주는 것도 효과적이다.

둘째, 글쓰기이다.

• 글로 의사소통을 할 때는 쓰기 전에 전달하고자 하는 내용을, 논리적 근거를 제시하며 개요를 작성한다.
• 상황에 맞게 글의 길이, 메시지, 어조, 형식 등을 정돈한다.

셋째, 발표능력을 계발하기 위해서는 발표 전에 발표의 목표, 주제, 청중에 대해 미리 알아야 한다.

• 좋은 발표는 자신의 목표를 성취하는 것 외에 깔끔한 무대의 매너가 필요하다.

넷째, 경청이다.

• 경청은 말하는 사람의 말을 방해하지 않고 들으며 상대방의 눈높이에 맞추며 듣는 것이다.

다섯째, 관리자의 용기이다.

여섯째, 협상능력이다.

일곱째, 타인에 대한 배려이다.

여덟째, 유머이다.

아홉째, 인내심이다.

3 학습정리

성찰하기

■ 다음 사례에서 일어난 갈등을 해결해 보자.

목표의 차이에 따른 갈등

목표의식이 높고, 열정이 넘치는 김 대리는 이번에 같이 발령받은 박 대리와 갈등이 생겼다. 김 대리에 비해 박 대리는 목표의식이 낮고 의욕이 없다. 김 대리가 새롭게 추진하는 일에 박 대리는 부정적인 반응으로 일관하였고, 덕분에 전체적인 조직의 분위기도 침체되었다. 김 대리는 조직의 분위기 전환과 갈등을 해결하기 위해 어떻게 하면 좋을까?

■ 다음 사례에서 일어난 갈등을 해결해 보자.

분열

A지점에는 2명의 매니저와 3명의 직원이 근무하고 있다. 그런데 이 중 네 명은 나이가 25살로 같고, 한 명은 23살로 나이가 어리다. 동갑내기 매니저와 직원들은 금방 친해져서 매장 분위기가 매우 좋았다. 그런데, 시간이 지나면서 불평, 불만이 생기기 시작하더니 급속도로 사이가 냉랭해졌다. 매장 분위기도 문제지만, 업무에도 소통 불능으로 차질이 생기기 시작하였다. A지점 점장은 이 갈등을 해결하기로 마음먹었다.

■ 나의 갈등 사례를 쓰고 갈등해결 전략을 세워보자.

나의 갈등 사례

■ 학습한 것을 마인드 맵으로 정리해 보자.

13장 갈등관리능력 개발

사후평가

체크리스트

■ 직업기초능력으로서 의사소통능력과 대인관계 갈등관리능력을 학습한 것을 토대로 다음 표를 이용하여 자신의 수준에 해당되는 칸에 체크해 보시오.

구분	문항	매우 미흡	미흡	보통	우수	매우 우수
의사소통	1. 나는 의사소통의 의미와 중요성을 설명할 수 있다.	1	2	3	4	5
	2. 나는 의사소통의 종류와 특징을 설명할 수 있다.	1	2	3	4	5
	3. 나는 의사소통을 저해하는 요소를 설명할 수 있다.	1	2	3	4	5
	4. 나는 효과적인 의사소통 개발방법을 설명할 수 있다.	1	2	3	4	5
경청	1. 나는 경청의 의미와 중요성을 설명할 수 있다.	1	2	3	4	5
	2. 나는 비언어적 · 언어적 경청을 모두 설명할 수 있다.	1	2	3	4	5
	3. 나는 경청의 장애요소와 효과적인 경청방법을 설명할 수 있다.	1	2	3	4	5
	4. 나는 의사소통을 위한 바람직한 질문을 설명할 수 있다.	1	2	3	4	5
의사표현	1. 나는 의사표현의 의미와 중요성을 설명할 수 있다.	1	2	3	4	5
	2. 나는 잘못된 의사표현과 바람직한 의사표현을 설명할 수 있다.	1	2	3	4	5
	3. 상황과 대상에 따른 적절한 의사표현 방법을 설명할 수 있다.	1	2	3	4	5
	4. 설득력 있는 발표방법을 설명할 수 있다.	1	2	3	4	5
문서이해작성	1. 나는 문서이해와 작성의 의미와 중요성을 설명할 수 있다.	1	2	3	4	5
	2. 나는 다양한 문서의 종류와 특징을 설명할 수 있다.	1	2	3	4	5
	3. 나는 문서를 이해하고 요약하고 종합하는 방법을 설명할 수 있다.	1	2	3	4	5
	4. 나는 상황과 목적에 따른 문서작성 방법을 설명할 수 있다.	1	2	3	4	5
대인관계갈등	1. 나는 의사소통과 대인관계의 연관성을 설명할 수 있다.	1	2	3	4	5
	2. 나는 상황과 대상에 따라 대인관계 유지를 위해 효과적인 의사소통 방법을 설명할 수 있다.	1	2	3	4	5
	3. 나는 갈등관리의 의미와 중요성을 설명할 수 있다.	1	2	3	4	5
	4. 나는 효과적인 갈등관리 전략을 설명할 수 있다.	1	2	3	4	5

평가방법

■ 체크리스트의 문항별로 자신이 체크한 결과를 아래 표를 이용하여 해당하는 개수를 적어보자.

학 습 모 듈	점 수	총 점	총 점 / 문항 수
의사소통능력	1점 × ( )개		총점 / 4 = ( )
	2점 × ( )개		
	3점 × ( )개		
	4점 × ( )개		
	5점 × ( )개		
경청능력	1점 × ( )개		총점 / 4 = ( )
	2점 × ( )개		
	3점 × ( )개		
	4점 × ( )개		
	5점 × ( )개		
의사표현능력	1점 × ( )개		총점 / 4 = ( )
	2점 × ( )개		
	3점 × ( )개		
	4점 × ( )개		
	5점 × ( )개		
문서이해 작성능력	1점 × ( )개		총점 / 4 = ( )
	2점 × ( )개		
	3점 × ( )개		
	4점 × ( )개		
	5점 × ( )개		
대인관계 갈등관리능력	1점 × ( )개		총점 / 4 = ( )
	2점 × ( )개		
	3점 × ( )개		
	4점 × ( )개		
	5점 × ( )개		

☞ 3점 이상 우수, 3점 미만 부족

참고문헌

강문희, 이광자, 박경(1997). 인간관계의 이해. 학지사.

강성법, 정수용(2016). 비즈니스 문서작성의 기술. 영진닷컴.

강원국(2017). 대통령의 글쓰기. 메디치미디어.

고선미, 김정아, 류병진(2015). 현대인의 대인관계와 의사소통 액션북. 공동체.

권석만(2012). 젊은이를 위한 인간관계 심리학. 학지사.

권인아, 오정주(2018). NCS 의사소통능력. 한올.

김도연 옮김(2007). 생각정리의 기술. 지형.

김두열(2015). 갈등관리 알고보면 쉽게 풀 수 있다. 공동체.

김미영(2017). 문서기획 및 작성실무. 부산외국어대학교.

김용무(2008). 누드 글쓰기 : 핵심을 찌르는 비즈니스 문서 작성법. 팜파스.

김은혜, 김수정(2012). 대학생을 위한 자기주도 학습기술. 학지사.

김종두(2011). 의사소통능력. 학지사.

김종운, 박성실(2011). 인간관계 심리학. 학지사.

김진숙, 김지은, 연미희, 이인수(2014). 인간관계와 의사소통. 창지사.

김혜숙, 박선환, 박숙희, 신은경, 이주희, 정미경(2000). 인간관계론. 양서원.

김효석, 이인환(2012). 팔로워. 미다스북스.

나은영(2012). 인간 커뮤니케이션과 미디어. 한나래.

도로시 리즈(2017). 질문의 7가지 힘. 노혜숙 역. 더난.

류수린(2008). 기술문서작성 원칙과 실제. 두양사.

박혁종(2014). 문서의 작성의 기술. 미래와 경영.

송은영(2013). 얼굴이미지소통전문가 과정. 러너코리아.

스티븐 코비(1994). 성공하는 사람들의 7가지 습관. 김경섭 역. 김영사.

심재우(2010). 구직의 즐거움. 스마트비지니스.

심재우, 손일수(2008). 기획서 & 문서작성가이드. 바른지식.

양영철(2005). 리포트 보고서 작성법. 한스미디어.

우치야마 타츠미, 사쿠라이 히로시(2013). 이기는 질문 이기는 대답. 최현숙 역. 이가서.

유동수(2011). 감수성 훈련. 학지사.

유동수, 김헌수, 한상진(2009). 한국형 코칭. 학지사.

이긍호(1998). 효율적인 문서작성법. 21세기북스.

이민호(2011). **기술문서작성법**. 21세기북스.

이영민(2013). **강사를 살리는 아이스 브레이킹**. 한국리더십.

임창의, 홍용기(2010). **비즈니스커뮤니케이션**. 청람.

임혜경, 김송이, 이금진, 이현(2015). **인간관계론**. 양서원.

정경수(2017). **문서작성의 최소원칙**. 큰그림.

정은희, 윤성은, 허현자, 한상희(2017). **NCS기반의 대인관계능력**. 양서원.

정인애(2016). **보고서 작성법 66**. 아이스토리.

정진선, 문미란(2007). **인간관계심리: 이론과 실제**. 시그마프레스.

조경덕, 장성화(2016). **대인관계와 커뮤니케이션**. 동문사.

조성연, 백경숙, 옥경희, 전효정, 전연진(2009). **가족관계**. 양서원.

존 포웰(1996). **왜 나를 말하기를 두려워 하는가**. 박성희 역. 자유문학사.

최봉희, 한세정, 김설혜(2016). **대학생을 위한 I-Brand 글쓰기**. 알움.

테루야 하나코, 오카다 케이고(2002). **로지컬 씽킹, 맥킨지식 논리적 사고와 구성의 기술**. 김영철 역. 일빛.

편집부(2013). **문서작성**. 두양사.

한국산업인력공단. **의사소통능력**.

Argyle M., & Furnham, A. (1982). The Ecology of relationships: Choice of situations as a funcion of relationship. *Vritish Journal of social Psychology, 21*, 258-262.

Davis K. E. & Todd M. J. (1985), Assessing friendships: Prototypes, paradigm case, and relationship description, In S. Duck & D. Perlman(Eds.), *Understanding personal relationships: Sage series in Personal relationship*(Vol, 1) Beverly Hills: Sage.

Galvin & Brommel(1982). *Sears*, Freedman & Pelau, 1985.

Larry K. Michaelsen, Arletta B. Knight, L. Dee Fink. 편저 이영민, 전도근 공역(2009). **팀기반 학습**. 학지사.

M. M. Lombardo & R. W. Eichinger(2002) *For Your Improvement*(3rd ed.). Minneapolis: Lominger Limited.

찾아보기

인 명

내 용

▶▶▶ ㄱ

▶▶▶ ㄴ

▶▶▶ ㄷ

▶▶▶ ㅁ

저자소개

김주애 NCS 직업기초능력 담당교수
한상담학회 한상담 전문가 1급

윤성은 NCS 직업기초능력 담당교수
한국긍정심리연구소 선임연구원

정은희 NCS 직업기초능력 담당교수
한국긍정심리연구소 선임연구원

한상희 NCS 직업기초능력 담당교수
한국긍정심리연구소 선임연구원

허현자 NCS 직업기초능력 담당교수
한국긍정심리연구소 선임연구원

이정화 NCS 직업기초능력 담당교수
ACE 에듀컴퍼니 대표

제2판

의사소통능력

1판 1쇄 발행 2018년 8월 20일
2판 1쇄 발행 2020년 1월 5일
2판 4쇄 발행 2024년 1월 30일

지 은 이 | 김주애 · 윤성은 · 정은희 · 한상희 · 허현자 · 이정화
발 행 인 | 박철용
발 행 처 | 양서원
주 소 | 경기도 파주시 직지길 522 파주출판도시
전 화 | 031-955-8000(代)
팩 스 | 031-955-8005
홈페이지 | www.yswpub.co.kr
이 메 일 | yswgroup@naver.com
출판등록 | 1987년 11월 24일 제 406-2003-037 호

ISBN 978-89-994-0959-2

정가 17,000원